俄罗斯联邦
海商法典

石均正 译

Кодекс торгового мореплавания РФ

中国政法大学出版社

2018 · 北京

图书在版编目（ＣＩＰ）数据

俄罗斯联邦海商法典/石均正译. —北京：中国政法大学出版社，2018.8
ISBN 978-7-5620-8466-2

Ⅰ.①俄… Ⅱ.①石… Ⅲ.①海商法－法典－俄罗斯 Ⅳ. ①D951.222.9

中国版本图书馆CIP数据核字(2018)第184847号

出 版 者　中国政法大学出版社

地　　址　北京市海淀区西土城路25号

邮寄地址　北京100088信箱8034分箱　邮编100088

网　　址　http://www.cuplpress.com（网络实名：中国政法大学出版社)

电　　话　010-58908285（总编室）58908433（编辑部）58908334(邮购部)

承　　印　固安华明印业有限公司

开　　本　880mm×1230mm　1/32

印　　张　10

字　　数　225千字

版　　次　2018年8月第1版

印　　次　2018年8月第1次印刷

定　　价　38.00元

序　言

　　石均正教授20世纪60年代毕业于华东政法学院（现华东政法大学），之后长期从事司法工作和公安法学教育。期间又在他的母校攻读六门研究生主干课程。我们常有往来，相交甚密。早在1985年，石均正教授就在我校学刊《刑侦研究》上发表了他所翻译的学术论文"苏维埃犯罪侦查学的形成和发展"，后来又陆续翻译发表若干，他的俄文笔译达到一定水准。

　　大约在2009年时，他就告诉我，他在翻译俄联邦海商法典，至今差不多快有十年光景了。前不久，我又读到他翻译的《俄罗斯联邦海商法典》中译本，近日得知他翻译的《俄罗斯联邦海商法典》即将正式出版，甚为高兴！翻译出版《俄罗斯联邦海商法典》是件很有意义的事。俄罗斯包括原苏联也是个商业航海大国，早在1929年就颁布了苏联海商法典（1957年我国有关部门将其翻译出版），1968年又颁布第二部海商法典，这次翻译的是第三部海商法典。该法典经近20年实施又作了大量修改。该国商业航海法律制度比较完善，翻译出版该法典对我国海商法完善具有借鉴意义。

　　"一带一路"建设，包括对沿途或者途经国家有关法律制度的了解和研究，就像陆上丝绸之路的中欧班列运行就得了解和研究途经国家的有关铁路运输方面的法律、法规一样，海上丝绸之路的商业航海，就得了解和研究沿途国家包括俄罗斯的商业航海方面的法律、法规，因为俄罗斯已经开通了她的北方海路航线。

　　如果海上丝绸之路与俄罗斯联系不十分紧密的话，冰上丝绸之路就不可能离开俄罗斯。最近中俄两国确定共同打造冰上丝绸之路，我国除了要开通俄罗斯北方海路航线外，还要参与在北冰洋的石油、天然气勘探、开采，这需要认真研究俄罗斯联邦商业航海法律。《俄罗斯联邦海商法典》翻译出版正是适应这种形势需要，意义深远。对石均正教授翻译的《俄罗斯联邦海商法典》正式出版，深表祝贺！愿为此代序。

苏惠渔

2017. 12. 20

翻译说明

该法典为俄罗斯联邦国家杜马1999年3月31日通过、联邦委员会1999年4月22日批准，现已修改32次。其一，译者翻译的是1999年最初版本，32次修改以附件形式呈现。我之所以把最初版本和32次修改分别译，是为了让读者对该法的发展变化有清晰的了解。其二，若将32次修改与最初版本糅合在一起译出，会使读者感到混乱和阅读困难。除了32次修改外，还有俄罗斯联邦宪法法院对《俄罗斯联邦海商法典》第87条第2款规定和俄罗斯联邦政府2001年7月17日第538号决定《关于非国家机构组织的船舶引航业》作出的违宪决定。译者也将此译出。这样本书有两个附件——32次修改和宪法法院判决。

海商法为民法，与普通民法之间为特别法与普通法关系。《俄罗斯联邦海商法典》也明文规定，其与俄罗斯联邦民法为特别法与普通法关系。基于这种关系，我在翻译《俄罗斯联邦海商法典》时力求在各方面（包括译名），与中国政法大学教授黄道秀等译的《俄罗斯联邦民法典》保持一致。

海商法为国内法，但具有涉外性，《俄罗斯联邦海商法典》在立法时，与中国等国家的海商法立法一样，借鉴或根据或复述海商海事方面相应的国际公约或海运习惯，即使有个别公约俄罗斯没有参加。基于这种涉外性特点，我在翻译《俄罗斯联邦海商法典》时，参考了海商海事方面相应的俄文版、中文版国际公约或海运规则。

尽管如此，我在翻译过程中还是遇到不少困难。对于这些困难，我请教了中国政法大学参与《俄罗斯联邦民法典》翻译的、比较法研究院院长王志华教授，请他作了指导和修改。在此向王教授深表谢意！

本书出版得到福建警察学院的资助，在此也向福建警察学院深表谢意！

译者　福建警察学院法律系石均正

2017. 12. 22

目 录
Contents

第二章 船 舶

第三章 船舶和船舶所设权利的登记

第五章　国家港务监督

第六章　海上引航员

第七章 沉没的财产

第八章 海上货物运输合同

第九章　海上旅客运输合同

第十章　定期租船合同

第十二章　拖带合同

第十三章　海运代理合同

第十四章　海运居间合同

第十六章　共同海损

第十七章　船舶碰撞损害赔偿

第十八章　船舶油污损害责任

第二十一章　海事要求的责任限制

第二十二章　船舶海事抵押，船舶或者在建船舶不动产抵押

第二十三章　船舶扣押

第二十四章　海事声明

第二十五章　赔偿要求和民事诉讼、民事诉讼时效

第二十六章　适用的法律

第二十七章　最后条款

〈俄罗斯联邦行政违法法典〉和俄罗斯联邦某些法律文件内，和关于因在国家检查和地方检查方面国家机关和地方机关职权变更，认定俄罗斯联邦法律文件某些规定失效》/276

第 27 次修改

2014 年 11 月 29 日联法第 378 号联邦法律《关于因立法通过了联邦法律〈关于克里米亚联邦区的发展和在克里米亚共和国及联邦直辖市塞瓦斯托波尔区域内的自由经济带〉，故将变更列入俄罗斯联邦某些法律文件内》/278

第 28 次修改

2014 年 12 月 31 日联法第 536 号联邦法律《关于将变更列入〈俄罗斯联邦海商法典〉第 47 条内》/280

第 29 次修改

2015 年 3 月 30 日联法第 66 号联邦法律《关于将变更列入〈俄罗斯联邦海商法典〉涉及海员身份证明的规定内》/281

第 30 次修改

2015 年 7 月 13 日联法第 213 号联邦法律《关于因通过联邦法律〈关于符拉迪沃斯托克自由港〉，将变更列入俄罗斯联邦某些法律文件内》/282

第 31 次修改

2015 年 7 月 13 日联法第 230 号联邦法律《关于将变更列入俄罗斯联邦某些法律文件内》/283

第 32 次修改

2017 年 2 月 7 日联法第 10 号联邦法律《关于将变更列入〈俄罗斯联邦海商法典〉第 5.1 条内》/285

俄罗斯联邦海商法典

国家杜马 1999 年 3 月 31 日通过

联邦委员会 1999 年 4 月 22 日批准

第一章　　一般规定

第 1 条　俄罗斯联邦海商法典调整的关系

1. 本法典调整商业航海所产生的各种关系。

调整商业航海产生的各种关系的依据，还有根据本法典颁布的其他联邦法律（下称法律）、俄罗斯联邦总统的命令和俄罗斯政府的决定（下称俄联邦其他法律文件）。

2. 商业航海产生的并以商业航海参加者的平等、意思自治和财产自主为根据的各种财产关系，依据《俄罗斯联邦民法典》由本法典调整，本法典没有调整的或者没有全部调整的各种财产关系适用俄罗斯联邦民事法律规定。

第 2 条　商业航海的概念

本法典所称商业航海，是指使用船舶从事下列事项的活动：

货物、旅客及其行李运输；

水生物资源捕捞；

海床及其底部矿产和其他非生物资源的勘探、开采；

引航和破冰引航；

搜寻的、救助的和拖带的作业；

沉没在海里财产的打捞；

水工工程、水下工程和其他类似工程的作业；

卫生的、检疫的和其他的检查；

海洋环境的保护与保持；

进行海洋科学考察；

为了教学、体育运动和文化目的事项；

为了其他目的事项。

第3条 本法典规定的适用范围

1. 本法典规定适用于：

航行时不论按照海上航道还是按照内河航道的海船，如果俄罗斯联邦缔结的国际条约和法律没有另行规定；

内海航行船舶，以及航行时按照海上航道和按照内河航道江海航行（江与海间）船舶，在进行货物、旅客及其行李运输进入外国海港情况下、在救助作业时和在其与海船碰撞情况下。

2. 除了本法典明文规定的情形外，本法典规定不得适用于：

军舰、军用辅助船舶和国家所有的或者由国家经营的并仅供政府非营利性服务使用的其他船舶；

国家所有的非商品货物。

本法典明文规定本法典规定适用于本款中规定船舶和货物的，这些规定不应当被用作没收、扣押和扣留这些船舶和货物的根据。

第4条 俄罗斯联邦海港之间的运输和拖带

1. 俄罗斯联邦海港之间的运输和拖带（近海航行），由悬挂俄罗斯联邦国旗航行的船舶实施。

2. 依据俄罗斯联邦缔结的国际条约，或者按照俄罗斯联邦政府规定的条件和程序，近海航行中的运输和拖带可以由悬挂外国旗航行的船舶实施。

第5条　商业航海的国家管理

1. 商业航海的国家管理，由联邦运输行政管理机关以及联邦渔业行政管理机关和其他联邦行政管理机关在各自职权范围内实施。

2. 联邦运输行政管理机关，依据俄罗斯联邦缔结的国际条约、本法典、俄罗斯联邦的其他法律和其他法律文件，在自己职权范围内颁布对于有关单位以及公民必须要履行的，包含调整商业航海关系的具有法律规范性的规则、实施细则和其他文件。

3. 联邦渔业行政管理机关，依据俄罗斯联邦缔结的国际条约、本法典、俄罗斯联邦的其他法律、其他法律文件，在自己职权范围内颁布对于利用渔船队船舶作业的单位以及公民必须要履行的，包含调整捕捞水生物资源所产生关系的具有法律规范性的规则、实施细则和其他文件。

4. 海上航道的导航水文地理保障，由联邦国防行政管理机关实施。

第6条　商业航海的国家监督

1. 对商业航海的国家监督，责成联邦运输行政管理机关和联邦渔业行政管理机关依据本条第2款、第3款规定负责。

2. 联邦运输行政管理机关对下列事项实施国家监督：

俄罗斯联邦缔结的商业航海国际条约和俄罗斯联邦商业航海法律的遵守；

海上人命保护；

颁发船员执照，但是对捕捞水生物资源船舶的船员除外；

船舶和在船舶上设置的各种权利的国家登记；

引航服务和在海港的船舶运行管理制度；

海上救助服务及其与其他救助服务的相互协作；

海上航道状况；

海洋环境保护。

3. 联邦渔业行政管理机关对下列事项实施国家监督：

俄罗斯联邦缔结的商业航海国际条约，和俄罗斯联邦关于渔船队船舶商业航海法律的遵守；

海上人命保护；

颁发捕捞水生物资源船舶的船员执照；

渔船队船舶和在该船舶上设置各种权利的国家登记；

引航服务和在渔业海港的船舶运行管理制度。

4. 对体育运动船舶和娱乐船舶的国家监督，按照俄罗斯联邦政府规定的程序实施。

第7条　船舶

1. 本法典所称船舶，是指用于商业航海的机动或者非机动浮动装置。

2. 本法典所称渔船队各船舶，是指用于捕捞水生物资源的水产品综合加工作业船舶，以及收鲜运输的辅助船舶和特殊用途船舶。

第8条　船东

本法典所称船东，是指以自己名义经营船舶的人，不管其是否为船舶所有人还是以其他法律为根据使用船舶的人。

第9条　海港、港务当局

1. 本法典所称商业海港，是指在专门划定的陆域和水域内设置的，并为商业航海船舶服务、为旅客服务，为提供货物作业服务和在商业海港通常提供的其他服务的各种设施综合体。

2. 本法典所称渔业海港，是指在专门划定的陆域和水域内设置的，并为渔船队各船舶提供综合服务的这一活动基本方式的各种设施综合体。

3. 本法典所称专业海港，是指在专门划定的陆域和水域内设置的，并为装运特定种类货物（林木、石油和其他）船舶服务的各种设施综合体。

规定服务于体育运动船舶和娱乐船舶的港口也按专业海港对待。

4. 本法典所称港务当局，是指行使行政权力和俄罗斯联邦政府赋予的其他职权的海港行政管理机关。

5. 在本条第 1 款至第 3 款中指定海港的业务，依据俄罗斯联邦海港法律实施。

第 10 条　船舶吨位

对于本法典第 23 条、第 27 条、第 320 条、第 326 条、第 331 条和第 359 条而言，船舶吨位是指按照《1969 年国际船舶吨位丈量公约》附则 I 里所包含的船舶吨位丈量规则所确定的总吨位。

第 11 条　结算单位

1. 本法典第 170 条、第 190 条、第 320 条、第 331 条、第 359 条和第 360 条规定的结算单位，是指国际货币基金组织确定的特别提款权。

2. 依据下列在特别提款权中卢布价值，换算成卢布：

对于本法典第 170 条和第 190 条规定金额，依法院判决之日，或者依仲裁庭或者公断庭裁决之日，或者依双方当事人协议约定之日；

对于本法典第 320 条和第 331 条规定金额，依责任限制基金设定之日；

对于本法典第 359 条和第 360 条规定金额，依责任限制基金设定之日、付款之日或者提供与付款等值的担保之日。

以特别提款权表示的卢布价值，按照国际货币基金组织在相应日期进行营业和交易时所适用的现行定值办法计算。

第二章 船 舶

第一节 船舶所有权

第 12 条 船舶所有权主体

1. 船舶可以属于：

公民和法人所有；

俄罗斯联邦、俄罗斯联邦各主体所有；

地方自治组织（注①）所有。

2. 带有核动力装置的船舶只能属于俄罗斯联邦所有。

第 13 条 船舶所有人的权利

船舶所有人有权根据自己的意志对船舶实施不违反俄罗斯联邦法律、其他法律文件的，并且不侵犯他人合法权益的任何行为，其中包括将船舶让与他人所有；向他人转移船舶占有权、使用权和支配权，而自己仍为船舶所有人；设立船舶不动产抵押和以其他方式使船舶负担义务；用其他方式支配船舶。

第 14 条 将船舶交付委托管理

1. 船舶所有人有权按照船舶委托管理合同将船舶交付受托管理人进行不超过五年期限的管理，以便为船舶所有权人利益实施有偿服务。

处于经济管理或者经营管理之下的船舶，不得交付委托管理。

将船舶交付委托管理不会导致船舶所有权转归受托管理人。

2. 将船舶交付委托管理，应当在国家船舶登记簿[1]或者船舶登记簿中[2]强制登记。

3. 具有管理船舶或经营船舶资质的个体企业主或者商业组织，可以成为受托管理人，但是单一制企业（注②）除外。

4. 在委托管理船舶合同中，应当载明合同双方当事人名称、受托管理人的权利与义务、酬金支付的数额和方式。

第二节　船舶的旗帜和国籍

第15条　悬挂俄罗斯联邦国旗的航行权

1. 悬挂俄罗斯联邦国旗的航行权授予下列船舶：

属于俄罗斯联邦公民所有的；

属于符合俄罗斯联邦法律的法人所有的；

属于俄罗斯联邦、俄罗斯联邦各主体所有的；

属于地方自治组织所有的。

2. 具有下列情形的，以本条第3款规定的其中一个联邦行政机关的决定为根据，可以将悬挂俄罗斯联邦国旗的航行权，暂时授予在外国船舶登记簿中已登记的，将船舶使用和占有提供给了无船员租船合同（光船租赁合同）俄罗斯承租人的船舶：

光船租赁合同的船舶承租人符合本条第1款对船舶所有人提出的要求；

船舶所有人采用书面方式同意将船舶变换至俄罗斯联邦国旗下；

船舶依据船舶所有人的国家法律设立有并已登记的船舶不动产抵押或者相似性质义务的，其权利人采用书面方式同意将

---

〔1〕　主要用于大船登记（译者著）

〔2〕　主要用于小船登记（译者著）

船舶变换至俄罗斯联邦国旗下；

船舶所有人的国家法律没有禁止授予船舶悬挂外国国旗航行权；

将悬挂俄罗斯联邦国旗航行权授予船舶时，悬挂外国国旗航行权已中止或者将中止。

3. 将悬挂俄罗斯联邦国旗航行权授予外国船舶登记簿中已登记船舶，除渔业船舶外，其决定由联邦运输行政管理机关作出；授予渔业船舶的决定，由联邦渔业管理行政机关遵循本条第 2 款规定的要求作出。

悬挂俄罗斯联邦国旗航行权可以授予船舶的期限不超过 2 年，随后每经过 2 年的期限续延要有理由，但是最长不得超过光船租赁合同有效期限。为了旗帜更换，光船租赁合同有效期不得少于 1 年。

将悬挂俄罗斯联邦国旗航行权授予船舶时，本款第 1 项规定的联邦行政管理机关应当确定用何船名。

授予船舶悬挂俄罗斯联邦国旗航行权的决定效力的终止，按照自身授权决定程序确定。

第 16 条 悬挂俄罗斯联邦国旗航行权的产生

1. 船舶在本法典第 33 条第 1 款规定的俄罗斯船舶登记簿中，从其中一个登记簿登记时起，该船舶获得悬挂俄罗斯联邦国旗航行权。

2. 在俄罗斯联邦国外获得的船舶，从俄罗斯联邦驻外领事机构颁发临时证件时起，享有悬挂俄罗斯联邦国旗的航行权。该证件证明该航行权在国家船舶登记簿或者船舶登记簿中船舶登记前有效，但是该有效期不得超过 6 个月。

第 17 条 船舶国籍

1. 享有悬挂俄罗斯联邦国旗航行权的船舶具有俄罗斯联邦

国籍。

2. 具有俄罗斯联邦国籍的船舶必须携带俄罗斯联邦国旗。

第18条　船舶悬挂俄罗斯联邦国旗航行权的丧失

下列情形，船舶丧失悬挂俄罗斯联邦国旗航行权：

船舶不再符合本法典第15条第1款规定的要求；

依据本法典第15条第2和第3款授予船舶悬挂俄罗斯联邦国旗航行权的期限期满，或者授予船舶该航行权的决定已被撤销。

第19条　将船舶暂时换为外国旗帜下

1. 将在国家船舶登记簿或者船舶登记簿中已登记船舶，提供给光船租赁合同的外国承租人使用和占有情况下，具有下列情形的，该船舶以本条第2款规定机关的其中一个联邦行政管理机关决定为根据，可以暂时换为外国旗帜下，随之中止悬挂俄罗斯联邦国旗航行权：

船舶所有人书面同意将船舶换为外国旗帜下；

按照规定程序设置有并登记的船舶不动产抵押，在尚未预先受偿情况下，抵押权人书面同意将船舶换为外国旗帜下；

承租人的国家法律，对在国家船舶登记簿或者船舶登记簿已登记船舶，没有规定禁止授予悬挂该国旗帜航行权；对在授予悬挂该国旗帜航行权期满后的该船舶，也没有规定禁止返回俄罗斯联邦国旗下。

2. 除渔船队船舶外，将船舶换为外国旗帜下的决定，由联邦运输行政管理机关作出；将渔船队船舶换为外国旗帜下的决定，由联邦渔业行政管理机关遵循本条第1款规定要求，并考虑到有关业务部门的职工全俄工会意见作出。

船舶可以换成外国旗帜下的期限不超过2年，随后每经过2

年的期限续延得有理由，但是最长不得超过光船租赁合同有效期限。为了更换旗帜，光船租赁合同期限不得少于1年。

终止船舶在外国旗帜下的决定确认，按照自身许可决定程序批准。

第三节　船舶识别

第20条　船名

1. 须在国家船舶登记簿或者船舶登记簿中登记的船舶，应当要有自己名称。

船名由其所有人，按照联邦运输行政管理机关会同联邦渔业行政管理机关和其他联邦有关行政管理机关协商一致确定的程序，给船舶命名。

2. 船名在船舶所有权转让或者船舶有其他足够理由的情况下可以变更。

将船名变更立即通知已登记的船舶不动产抵押的抵押权人。

第21条　呼叫信号

1. 呼叫信号配给船舶。依据船舶技术装备程度，卫星通信船用台识别码和船用台呼叫选择码也配给船舶。

2. 呼叫信号配给船舶的程序，由联邦通讯行政管理机关规定；卫星通信船用台识别码和船用台呼叫选择码的配给程序，由在无线电导航和卫星通信方面被授权的组织规定。

第四节　船舶技术检验和船舶证件

第22条　船舶技术检验和船舶定级的机构

1. 对本法典第23条第2款规定船舶的技术检验和船舶定

级，由俄罗斯的船舶技术检验和定级的机构（下称船舶技术检验和定级机构）实施。

2. 船舶技术检验和定级机构，对船舶入级与船舶建造、对正在运营船舶的监督、对船舶用的材料和部件制作颁发规则。

没有执行上列规则的，船舶技术检验和定级机构有权对船舶、船舶机械、设备和其他船舶技术器材禁止经营，并撤销由该机构早先颁发的允许其经营的各种证件。

3. 船舶技术检验和定级机构，以联邦运输行政管理机关批准的设立文件（注③）为根据办理业务。

第 23 条　对船舶的技术检验

1. 船舶只有经检验符合安全航海要求后才能获准航行。

2. 船舶技术检验和定级机构依据其职权，对客船、客货两用船、油轮、拖船，以及其他主发动机功率不少于 55 千瓦的机动船舶和不少于 80 吨位的非机动船舶进行技术检验，但是对用于非商业目的的体育运动船舶和娱乐船舶除外。

3. 对体育运动船舶和娱乐船舶的技术检验，不管其主发动机功率和船舶总吨位大小，以及对本条第 2 款规定不适用的其他船舶的技术检验，由俄罗斯联邦政府所责成的技术检验机构实施。

第 24 条　船舶定级

船舶技术检验和定级机构依据其职权授予本法典第 23 条第 2 款所列船舶级别证书。船舶所定船级由船级证书证明。

第 25 条　基本的船舶证件

1. 船舶应具有以下基本的船舶证件：

（1）悬挂俄罗斯联邦国旗的航行权证书；

（2）船舶所有权证书；

（3）适航证书；

（4）客运证书（供客船用）；

（5）丈量证书；

（6）载重线证书；

（7）预防油污证书；

（8）预防污水污染证书；

（9）预防垃圾污染证书；

（10）船用无线电台许可证和无线电日志（如船舶有船用无线电台）；

（11）船员花名册；

（12）航海日志；

（13）机舱日志（供机械发动机船舶使用）；

（14）卫生日志；

（15）污水处理日志；

（16）垃圾处理日志；

（17）供非油轮船舶使用的油类处理日志；

（18）供油轮使用的油类处理日志；

（19）船舶卫生航行权证书。

2. 用于卫生、检疫和其他检查的船舶不需要有载重线证书和丈量证书。该船舶的吨位可采用简易方法确定并颁发相应证书。

依据本法典第 23 条第 3 款实施船舶技术检验机构没有另有规定的，近海航行船舶不需要航海日志、机舱日志和卫生日志。

第 26 条　船舶辅助性证件

除了本法典第 25 条所列证件外，船舶还应当要有其他证件。这些证件由依据本法典第 23 条第 2 款和第 3 款对船舶实施技术检验的机构颁发的规则来规定。

第 27 条　某些特殊类型船舶的船舶证件

1. 体育运动船舶、娱乐船舶和其他主发动机功率在 55 千瓦以下的机动船舶及吨位在 80 吨以下的非机动船舶应当要有下列船舶证件：

船舶证（注④）；

适航证书；

船员花名册。

2. 本条第 1 款规定船舶应当具有的船舶证，证明悬挂俄罗斯联邦国旗的航行权、船舶所有权所属特定主体和船舶吨位。

第 28 条　涉外航行船舶的船舶证件

到国外航行的船舶，除了本法典第 25 条至第 27 条规定的证件外，还应当具有俄罗斯联邦缔结的国际条约规定的各种证件。

第 29 条　颁发船舶各种证件的机关

1. 悬挂俄罗斯联邦国旗航行权证书、船舶证和船舶所有权证书，由船舶登记机构颁发。

2. 适航证书由依据本法典第 23 条第 2 款和第 3 款对船舶实施技术检验的机关颁发。

3. 丈量证书、客运证书、载重线证书、预防油污证书、预防污水污染证书和预防垃圾污染证书，由船舶技术检验和定级机构颁发。经该机构许可，某些特殊类型船舶可以不需要丈量证书或者载重线证书。

4. 对于涉外航行船舶，俄罗斯联邦缔结的国际条约规定的各种船舶证件，由船舶技术检验和定级机构颁发。该船舶技术检验和定级机构由相应国际组织根据符合国际标准化组织的规范授予许可证。

5. 船用无线电台许可证由联邦通讯行政管理机关颁发。

6. 船舶卫生航行权证书由俄罗斯联邦水路运输卫生防疫检疫机关颁发。

7. 对于颁发本条规定的证件，按照俄罗斯联邦政府规定程序所确定的缴费标准缴费。

第 30 条 悬挂外国旗航行船舶的各种船舶证件的认定

悬挂外国旗航行的并到俄罗斯联邦海港的船舶的各种船舶证件认定，以俄罗斯联邦缔结的国际条约为根据实施。

第 31 条 出示各种船舶证件要求

各种船舶证件原件应当存放在船舶上，但是船舶所有权证书和船舶证除外，这些证件副本应当由颁发这些证件的机关确认无误。

第 32 条 各种船舶证件的管理规则、航海日志保存

1. 船员花名册和本法典第 25 条第 1 款第 12 项至第 18 项所列各种船舶日志，除了渔船队船舶日志外，依据联邦运输行政管理机关规定的规则管理；船员花名册和本法典第 25 条第 1 款第 12 项至第 17 项所列渔船队各种船舶日志，依据联邦渔业行政管理机关规定的规则管理。

2. 航海日志自最后记录记入该日志之日起在船舶上保存 2 年。航海日志在上述期限期满后，移交船舶登记机关保存。

3. 航海日志提供给有权获得相关信息的人员，以便从其副本上查阅和摘录。

船舶出售到俄罗斯联邦国外的，航海日志提供给有权获得相关信息的人员在出售前从其副本上查阅和摘录。

第三章　船舶和船舶所设权利的登记

第33条　俄罗斯联邦各种船舶登记簿

1. 船舶应当在下列其中一个俄罗斯联邦船舶登记簿登记（下称各种船舶登记簿）：

国家船舶登记簿；

船舶登记簿；

光船租赁登记簿。

2. 船舶所有权和其他物权，以及在船舶上设置的权利限制（负担）（不动产抵押、委托管理和其他），应当在国家船舶登记簿或者船舶登记簿中登记。

3. 将船舶所有权和其他物权以及将在该船舶上设置的权利限制（负担），在国家船舶登记簿或者船舶登记簿所作的船舶登记，是已登记权利存在的唯一证据，该证据仅在司法程序中可以争议。

4. 本条第1款规定的各种船舶登记簿，依据本章规定规则办理。

在商业海港的船舶及其所设权利登记规则，由联邦运输行政管理机关批准；在渔业海港的船舶及其所设权利登记规则，由联邦渔业行政管理机关批准。

5. 由船舶技术检验和定级机构依据本法典第23条第2款实施技术检验的船舶，在国家船舶登记簿中登记。

由其他机构依据本法典第23条第3款实施技术检验的船舶，在船舶登记簿中登记。

小艇和其他具有船舶属性的浮动装置，无须在国家船舶登记簿和船舶登记簿中登记。

6. 依据本法典第 15 条第 2 款和第 3 款暂时授予悬挂俄罗斯联邦国旗航行权的船舶，在光船租赁登记簿中登记。

第 34 条　仅用于政府非商业性服务的船舶

1. 属于俄罗斯联邦、俄罗斯联邦各主体所有的，或者由他们经营或者使用的仅供政府非商业性服务的船舶，除了军舰、军用辅助船舶和边防船舰外，依据本章规定在国家船舶登记簿或者船舶登记簿中实施登记。

2. 与本条第 1 款规定程序不同的其他程序进行登记的船舶，如该类船舶在商业中使用，依据本章规定可以变更登记。

第 35 条　实施船舶登记机关

1. 在本法典第 23 条第 2 款中规定的船舶登记，由商业海港港务主任实施，但是渔船队船舶除外。渔船队船舶登记，由渔业海港港务主任实施。

2. 在本法典第 23 条第 3 款中规定的船舶登记，由对该类船舶进行技术检验的机关实施。

第 36 条　船舶登记费用

在国家船舶登记簿、船舶登记簿和光船租赁登记簿中船舶登记以及对在各登记簿中作任何船舶变更登记，按照俄罗斯联邦法律规定程序所确定的费用征收。

第 37 条　船舶登记条件

1. 船舶仅可在其中一个船舶登记簿中登记。

2. 已在外国船舶登记簿中作了登记的船舶，从该国船舶登记簿中注销并提交了从该国船舶登记簿注销证据后，可以在国家船舶登记簿或者船舶登记簿中登记。

船舶没有按照规定程序从国家船舶登记簿或者船舶登记簿中加以注销的，在国家船舶登记簿或者船舶登记簿中所作的登记，在外国船舶登记簿中不被认可。

第 38 条　在光船租赁登记簿中的船舶登记

1. 已在外国船舶登记簿作了登记的船舶，自按照本法典第 15 条第 3 款作出暂时授予该外国船舶悬挂俄罗斯联邦国旗航行权的决定之日起 1 个月内，应当在光船租赁登记簿中登记。

以光船租赁船舶承租人的申请为根据，并附有供登记使用的下列必要证件，实施船舶登记：

在旗帜变更前，从船舶直接登记国的船舶登记簿中的摘录。该摘录载明船舶所有人；船舶已作不动产抵押或者船舶设置有相似性质义务的，还载明登记的不动产抵押船舶的抵押权人或者登记的船舶上述相似性质义务的权利人；

船舶所有人和已登记的不动产抵押的抵押权人或者设置有相似性质义务的权利人的书面同意，将船舶更换为俄罗斯联邦国旗下；

旗帜变更前船舶直接登记国主管当局颁发的证件。该证件证明，授予船舶悬挂俄罗斯联邦国旗航行权期间中止悬挂该国旗帜航行权；

光船租赁合同的正本和副本；

适航证书；

丈量证书；

载客证书（供客船使用）；

由国际海事组织授予的船舶识别码资料；

有证件证明，光船租赁合同的承租人符合本法典第 15 条第 1 款向船舶所有人提出的要求；

本法典第 15 条第 3 款规定的有关联邦行政管理机关关于船舶名称的决定。

2. 在光船租赁登记簿船舶登记时，颁发悬挂俄罗斯联邦国旗航行权证书，其航行权期限在暂时授予船舶悬挂俄罗斯联邦国旗航行权的决定中规定。

第 39 条　应当要载入国家船舶登记簿或者船舶登记簿的资料

1. 在国家船舶登记簿或者船舶登记簿中以船舶所有人（含数个所有人）的名义实施船舶登记。

2. 载入国家船舶登记簿或者船舶登记簿的基本资料有：

船舶登记的顺序号及其登记日期；

船舶名称（现在的和以前曾用的）、原先船舶登记港（地点）和船舶被注销登记日期（如有这类情形的）；

船舶登记港（地点）名称和由国际海事组织授予的船舶识别码；

船舶呼叫信号；

造船厂名称、船舶建造地点和年份；

船舶型号和用途、其航行区域；

船舶基本的技术数据，包括吨位（总吨位和净吨位）、满负荷载重量和船舶主要尺度；

所有人（数个所有人）的名称、国籍和地址；

有数个船舶所有人的，在按份共有的共同所有人中每个所有人的份额；

船舶所有权或船舶部分所有权产生根据（买卖合同、船舶建造合同或者其他）；

船东的名称和地点，如果船东不是船舶所有人；

将船舶交付委托管理人管理的，受托管理人的名称和地点；

依据本法典第 376 条和第 377 条将船舶设置有不动产抵押的，船舶已登记的不动产抵押资料；

将船舶从国家船舶登记簿或者船舶登记簿中注销的根据和日期。

3. 在将船舶暂时更换为外国旗帜下时，下列基本资料也载入国家船舶登记簿或者船舶登记簿：

作出将船舶变更在外国旗帜下决定的联邦行政管理机关的指示，和作出该决定的日期；

允许船舶变更在外国旗帜下的期限；

准许船舶悬挂其旗帜航行的国家名称；

光船租赁合同的承租人的名称和地点；

中止悬挂俄罗斯联邦国旗航行权的日期。

第 40 条　应当要载入光船租赁登记簿的资料

1. 在光船租赁登记簿中以光船租赁船舶承租人名义实施船舶登记。

2. 将下列基本资料载入光船租赁登记簿：

船舶名称；

船舶所有人的名称和地点；

光船租赁船舶承租人的名称和地点；

签订光船租赁合同的日期和该合同有效期限；

授予船舶悬挂俄罗斯联邦国旗航行权结束日期；

在旗帜更换之前，船舶直接登记国的船舶登记簿所记载的资料，并指明管理该登记簿的国家法律，而该法律适用于在该登记簿中已登记的船舶所有权以及船舶不动产抵押或者相似性质的义务。

根据船舶不动产抵押或者在船舶上设置有相似性质义务的权利人申请，将权利人名称和涉及在船旗变更前已载入外国船舶登记簿的船舶不动产抵押或者设置相似性质义务的其他资料，可以载入光船租赁登记簿。

第41条　对载入各种船舶登记簿的资料变更告知义务

对于载入国家船舶登记簿、船舶登记簿或者光船租赁登记簿的任何资料变更，船舶所有人或者光船租赁船舶承租人，应当自他们知道该变更之日起2周内告知船舶登记机关。

第42条　在国家船舶登记簿或者船舶登记簿中的原始船舶登记

在建船舶在国家船舶登记簿或者船舶登记簿的原始登记，应当自该船舶下水之日起1个月内实施；从俄罗斯联邦国外获得的船舶，在上述登记簿的原始登记，应当自该船舶抵达俄罗斯联邦海港之日起1个月内实施。

第43条　船舶登记港（地点）变更

1. 根据船舶所有人的申请，船舶登记港（地点）可以变更。船舶登记港（地点）变更时，在原船舶登记港（地点）办理的包含在国家船舶登记簿或者船舶登记簿中的所有资料，以原登记港（地点）港务主任移交的各种证件为依据，载入新船舶登记港（地点）办理的国家船舶登记簿或者船舶登记簿内。

2. 新船舶登记港（地点）办理的在国家船舶登记簿或者船舶登记簿中的船舶登记，由重新颁发的悬挂俄罗斯联邦国旗航行权证书或者船舶证证实。

第44条　船舶重新登记

船舶由于发生事故或者由于其他原因不再符合原国家船舶登记簿或者船舶登记簿中所登记资料的，在船舶检验并获得适航证书后可以重新登记。

第 45 条 证明船舶登记的船舶证件的遗失

1. 悬挂俄罗斯联邦国旗航行权证书或者船舶证遗失的，该船舶证件副本由船舶登记机关颁发。

2. 本条第 1 款规定的船舶证件在船舶处于俄罗斯联邦境外遗失的，根据船长申请，由俄罗斯联邦驻外领事机构颁发临时悬挂俄罗斯联邦国旗航行权证书或者临时船舶证，这些临时证件应当在船舶抵达俄罗斯港口后 10 日内到船舶登记机关更换，以获得该些船舶证件副本。

第 46 条 船舶及其权利的拒绝登记

具有下列情形的，可以拒绝船舶及其权利登记：

不具有相应资格的人申请登记的；

没有遵循本法典第 37 条第 2 款第 1 项规定要求，将船舶从原船舶登记簿中注销的；

递交船舶权利登记的各种证件，不符合俄罗斯联邦法律规定要求的；

颁发有关船舶确权证书（注⑤）的人，没有被授权有处分船舶权的；

有关船舶确权证书表明申请人缺乏船舶权利的；

申请人请求登记的船舶权，依据本法典不属于应当登记的权利的。

第 47 条 船舶从国家船舶登记簿或者船舶登记簿中注销登记

船舶应当从国家船舶登记簿或者船舶登记簿中强制注销登记：

船舶灭失或者失踪的；

船舶推定全损的；

船舶改建或者任何其他改变的结果致使船舶丧失了应有特性的；

船舶不再符合本法典第 15 条第 1 款规定要求的。

第 48 条 船舶失踪

从获得船舶最后消息地到目的港，逾越正常情况两倍航行期没有获得船舶任何信息的，船舶被视为失踪。认定船舶失踪的必要期限，从获得船舶最后消息之日起不得少于 1 个月，但不得多于 3 个月；在战争行为情况下，不得少于 6 个月。

第 49 条 推定全损的船舶

具有下列情形的，受损船舶被视为推定全损：

船舶无论在其所在的地方，还是将其送到其他任何地方都不可能修复的；

船舶修理在经济上不合算的。

第 50 条 船舶登记簿的公开性

对于与获取各船舶登记簿中资料有利害关系的人，各船舶登记簿是公开的。有利害关系的人，有权以比摘录更适当方式从各船舶登记簿中获得资料，并按照俄罗斯联邦政府规定程序中所确定的费率支付费用。

第 51 条 违反船舶登记规则的责任

规避船舶登记义务的、违反规定程序在其中一个船舶登记簿中进行船舶登记的或者对已载入船舶登记簿事项发生变更而不履行告知义务的人，依据俄罗斯联邦法律承担行政责任。

第四章 船员、船长

第一节 船 员

第52条 船员组成

1. 船长、其他高级船员和普通船员组成船员。

2. 除船长外，大副、轮机员、机电机械师、无线电专家和医生也属于高级船员。联邦运输行政管理机关、联邦渔业行政管理机关和其他联邦行政管理机关也可以将其他专家列为高级船员。

3. 普通船员由不属于高级船员的人员组成。

第53条 船员最低配额

1. 为了实现下列事项，每艘船舶在其船上应当配备有相应专业技能的并达到足够数量的船员：

保障船舶航海安全、保护海洋环境；

满足在船上工作时间要求；

不得使船员工作负荷过重。

2. 根据船舶类型和用途、航行区域，船员最低配额，除了渔船队船舶外，由联邦运输行政管理机关会同相应工会机关协商同意后制定；渔船队船舶的船员最低配额，由联邦渔业行政管理机关会同相应工会机关协商同意后制定。

保障航海安全的船员最低配额证书，分别由实施船舶登记的相应商业海港港务主任和渔业海港港务主任颁发。

在商业海港和渔业海港进行检查时,船员组成与保障航海安全的船舶船员最低配额证书中记载的资料相一致,是对船舶已配齐了保障船舶航海安全所需船员的确认。

第 54 条　船员适任证书

1. 持有俄罗斯联邦政府批准的船员颁证条例所规定的证书(注⑥)和专业技能合格证书(注⑦)的人员获准从事船员职业,但是获准从事捕捞水生物资源船舶的船员职业除外。

持有俄罗斯联邦政府批准的有关捕捞水生物资源船舶船员颁证条例所规定的证书和专业技能合格证书的人员,获准从事捕捞水生物资源船舶的船员职业。

2. 本条第 1 款规定的船员证书和专业技能合格证书,在船员符合本条第 1 款规定条例所规定的有关船上工作时间、年龄、健康状况和职业培训要求情况下,并根据技能评审委员会知识测试的结果,分别由相关商业海港港务主任和渔业海港港务主任颁发。

3. 本条第 1 款第 1 项规定的船长证书和高级船员证书、捕捞水生物资源的船员证书和专业技能合格证书,在持有商业海港港务主任、渔业海港港务主任分别证明符合规定要求颁发该证书和专业技能合格证书的签证情形下才被视为有效。

4. 由于船员依据其证书和专业技能合格证书在履行职责时不称职、作为或者不作为直接造成海上人员生命、财产安全危险或者致使海洋环境损害的,以及为了预防欺诈,可以由相关联邦运输行政管理机关或联邦渔业行政管理机关分别撤销或吊销或者中止证书和专业技能合格证书的效力。

5. 证书、专业技能合格证书被签证的期限期满后,以及这些证书依据本条第 4 款被撤销或吊销后或者被中止效力后,本条第 3 款规定的签证失效。

第 55 条　准许在船上工作人员的健康状况要求

持有证书证明其健康状况适合于该项工作的人员获准上船工作。

第 56 条　船员国籍

1. 除了俄罗斯联邦公民外，外国公民和无国籍人也可以成为悬挂俄罗斯联邦国旗航行船舶的船员，但是外国公民和无国籍人不能从事船长、大副、轮机长、无线电专家职业。

2. 录用外国公民和无国籍人为船员的条件，除渔船队船舶外，由联邦运输行政管理机关依据俄罗斯联邦招收和使用外国公民和无国籍人在俄罗斯联邦劳动的法律确定；录用外国公民和无国籍人为渔船队船舶船员的条件，由联邦渔业行政管理机关依据俄罗斯联邦上述法律确定。

第 57 条　船舶上的劳动关系

1. 雇用船员工作的程序、他们的权利与义务、劳动条件和劳动报酬，以及解雇他们的程序和根据，由俄罗斯联邦劳动法律、本法典、船上服务规章和纪律条例、总的和部分的工资协议、集体合同和劳动合同确定。

2. 非经船长同意，不得雇用任何一个船员到船上工作。

3. 船上服务规章，除了渔船队船舶外，由联邦运输行政管理机关批准；渔船队船上服务规章，由联邦渔业行政管理机关批准；纪律条例由俄罗斯联邦政府批准。

第 58 条　遣送船员回国

1. 具有下列情形的，船员享有遣送回国权：

（1）以一定期限或者一定航次所签订的劳动合同，其效力期限在俄罗斯联邦境外期满的；

（2）依据劳动合同制作通知中所规定期限期满后，根据船东或者船员要求解除劳动合同的；

（3）船舶遇难的；

（4）患病或者工伤需要上岸医治的；

（5）由于破产、船舶出售或者船舶登记国的变更，船东对船员已无法履行俄罗斯联邦法律或者其他法律文件规定的或者劳动合同约定的自己义务的；

（6）未经船员同意，将船舶驶往战争区域或者流行病危险区域的；

（7）集体合同约定的船员在船上最长工作时间期满的。

2. 根据船员意愿遣送回其居住国家，到其被雇佣在船上工作的港口或者在集体合同中指定的港口，或者到在雇用船员时所规定的其他任何地方。

3. 船东应当及时安排遣送回国。遣送回国采用航空方式。

4. 船东承担遣送回国费用。

（1）遣送费用包括：

船员到本条第 2 款规定的遣送目的地的路费；

船员从离船时起到其到达遣送目的地的食宿费；

船员医疗费，如有必要，根据其健康状况直至船员能平安前往遣送目的地；

船员到达遣送目的地的 30 公斤行李托运费。

（2）船员从其离船时起到其抵达遣送目的地的工资和津贴，如果集体合同有约定。

5. 引起遣送船员回国的原因，是由于该船员履行劳动义务时的过错的，船东依据俄罗斯联邦劳动法律有权要求赔偿遣送回国费用。

第 59 条　船员财产

由于船舶事故造成船员财产灭失或者损坏的，船东应当给船员赔偿所造成的损失，但是对于在船舶事故中有过错船员造成的财产损失不予赔偿。

第 60 条　船东义务

1. 船东应当保障船员：

有安全劳动条件；

保护他们的健康；

有救生设备；

供应有充足粮食和淡水；

要有相应舱室（住舱、食堂、卫生间、医务所和休息室）；

有文化及生活服务。

2. 船东应当：

将工资和其他属于船员的款项，其中包括遣送回国费用投保；

给船员投保他们履行劳动义务时的人寿险和健康险。

第二节　船　长

第 61 条　船长管理船舶和其他责任

船长负责管理船舶，其中包括航海、采取各种措施保障船舶航行安全、保护海洋环境、维护船上秩序、防止船舶及船上人员和货物遭受损害。

第 62 条　对海上遭难的任何人提供救助义务

1. 船长在能够救助而且对自己船舶和船上人员没有严重危

险的情况下，对海上遭难的任何人应当给予救助。

2. 因违反本条第 1 款规定义务，船长依据俄罗斯联邦刑事法律承担刑事责任。

第 63 条　船舶碰撞后提供帮助义务

1. 发生碰撞后，任何一艘碰撞船舶的船长，在能够帮助而且对于自己的乘客、船员和船舶没有严重危险情况下，对另一船舶、他们的乘客和船员应当提供帮助。

2. 如果有可能，船长们应当彼此通报自己船舶的名称、船舶登记港以及出发港和目的港。

3. 船东对船长违反本条第 1 款和第 2 款规定义务不承担责任。

第 64 条　船长提供医疗急救义务

在船上的人需要紧急救护，而船舶在海上航行时无法给予这种救护的，船长应当将船舶驶到最近港口，或者采取措施将其送到最近港口，并将此事告知船东；船舶驶入外国港口或者将此人送到外国港口的，也应当将此事告知俄罗斯联邦驻外领事机构。

第 65 条　在战争行为或者其他战争危险情况下的船长义务

船舶出发港或者目的港所在区域，或者船舶必须经过区域有战争行为的，以及有其他战争危险的，船长应当采取一切措施，防止船舶、船上人员、各种证件以及货物和其他财产遭到灭失、损害和掳掠。

第 66 条　船员弃船

如果船长认为，不可避免的沉没威胁着船舶的，在采取了救助船上旅客的一切措施后，船长允许船员离开船舶。在采取一切可能措施，抢救航海日志、机舱日志和无线电日志、该航程海图、航行仪器记录带、各种证件和有价值物品后，船长最后离开船舶。

第 67 条　维护船上秩序

1. 船长在其职权范围的命令，船上所有人员都必须执行。

2. 船长有权按照纪律条例规定的情形和程序，对船员进行奖励和纪律处分。

船长在必要情况下有权解除任何一个船员职务履行，在这种情况下相应适用本法典第 58 条规定。

3. 对实施了不具有俄罗斯联邦刑事法律规定的犯罪的特征行为，但是危及船舶、船上人员和财产安全的行为人，船长有权禁闭。

第 68 条　船长、其他船员与俄罗斯联邦领事机构的关系

船长、其他船员与俄罗斯联邦领事机构的关系由俄罗斯联邦领事条例确定。

第 69 条　船长作为初步调查机构

1. 正在航行的船舶上发现有俄罗斯联邦刑事法律规定的犯罪的特征行为，船长遵循俄罗斯联邦刑事诉讼法律，以及有关航行船舶上初步调查细则，履行初步调查机构职权。该细则由俄罗斯联邦检察总长会同联邦运输行政管理机关和联邦渔业行政管理机关协商同意批准。

在本款第 1 项规定的细则中，应当规定船长进行初步调查的权利与义务，规定保障犯罪嫌疑人有机会应用法定方式和方法辩护、保证其人身权和财产权，以及规定拘留犯罪嫌疑人的根据和程序、在船上羁押该疑犯的条件。

2. 船长有权拘留俄罗斯联邦刑事法律规定犯罪的犯罪嫌疑人，一直到船舶首先停靠的俄罗斯联邦港口将其移交给主管机关为止。在必要时，船长应当将该犯罪嫌疑人连同初步调查材料移交到悬挂俄罗斯联邦国旗驶往俄罗斯联邦的另一船舶上。

船长有合理根据认为其系实施了危害海运安全犯罪的人，如果俄罗斯联邦缔结的国际条约有规定，船长可以将其移交外国主管机关。但是对俄罗斯联邦公民、俄罗斯联邦是其经常居住地的无国籍人不得移交。在这种情况下，如果这种移交实际可行，船舶驶入外国领海前，船长应当尽可能地将移交此人给他们的意图及其移交原因发送通知到该外国主管机关，还应将现有证据提供给上述主管机关。

3. 船舶抵达俄罗斯联邦港口时，在该船上发现有俄罗斯联邦刑事法律规定的犯罪征兆的，船长应当将此立即告知主管机关。

第70条　在船上立遗嘱、分娩婴儿和发生死亡情况下的船长义务

1. 船长有权为正在航行的船舶上的人所立遗嘱作证明。经船长证明的遗嘱与经公证证明的遗嘱具有同等效力。

2. 船长应当在航海日志中记载船上分娩婴儿和船上发生死亡的每种情形。

3. 船长应当将死者死亡消息通知他的其中一个近亲属或者其配偶，并采取措施将尸体保存并运回死者祖国。没有这种可能的，船长应当将尸体埋葬或者将尸体火化并将骨灰盒运回其祖国。

船舶需要在公海上航行很长时间，且尸体又不可能保存的，船长有权遵循海运习俗将尸体海葬，随之制作相应的文书。这是一种例外。

4. 船长应当保障制作死者在船上财产的清单，并将该财产保存在船舶上，直至按照清单将该财产转交给船舶首先停靠的俄罗斯联邦港口的港务主任。

第 71 条　船长作为船东和货主的代表人

对于船舶、货物或者航运需要的必要交易，以及对于涉及交给船长负责的财产的诉讼，在没有船东和货主其他代表人的地方，船长基于自己的服务地位被视为船东和货主代表人。

第 72 条　为继续航行急需经费

1. 为了船舶继续航行，包括为了船舶维修或者维持船员给养，在航程中产生急需经费情形的，在不可能或者没有时间得到船东指示的情况下，船长有权出售其负责的对继续航行不是必需的部分财产。

船长应选择获得继续航行所需经费的方法中对于船东或者货主的损失为最小的方法。

2. 船东应给货主赔偿出售其货物的价值，但是出售货物引起损失是遭受到共同海损或者出售货物仅仅为了货主利益的除外。

第 73 条　船长义务由大副承担

船长死亡、患病或者其他原因妨碍其履行自己职务的，船长职务在获得船东指示前由大副承担。

第五章　国家港务监督

第74条　海港港务主任

1. 保障航海安全和海港秩序的职权由海港港务主任行使。

2. 海港港务主任依据由联邦运输行政管理机关批准的有关海港港务主任规章行事。渔业海港港务主任依据由联邦渔业行政管理机关会同联邦运输行政管理机关协商同意批准的有关渔业海港港务主任规章行事。

第75条　海港港务主任的隶属关系

海港港务主任直接隶属于联邦运输行政管理机关，渔业海港港务主任直接隶属于联邦渔业行政管理机关。

第76条　商业海港和渔业海港的港务主任职权

赋予相应海港港务主任和渔业海港港务主任，行使保障航海安全和上述海港秩序的职权：

对俄罗斯联邦缔结的属于商业航海国际条约和俄罗斯联邦商业航海法律的遵守实施监督；

船舶登记并颁发相应的各种船舶证件；

船舶和在建船舶所有权、船舶或者在建船舶不动产抵押权和这些船舶其他权利的登记，颁发相应各种证件；

给各船员颁发船员证明书、专业技能合格证书、给他们颁发各种证书的确认书和海员护照；

审查各种船舶证件、证明书和专业技能合格证书，和对颁发的各种证明书和专业技能合格证书的确认书的审查；

对船舶进出港秩序要求的遵守实施监督；

办理船舶进出港手续。商业海港和渔业海港为毗邻水域的，商业海港港务主任办理船舶进出商业海港手续，但是捕捞水生物资源船舶除外；渔业海港港务主任办理捕捞水生物资源船舶进出渔业海港手续；

对引航服务业和船舶交通管理制度实施监督；

对入港航道上和港区水域范围内的船舶破冰引航实施监督；

颁发打捞沉没海里财物许可证，并颁发在港口从事建筑工程、水工工程和其他工程许可证；

调查船舶海损事故。调查海损事故依据联邦运输行政管理机关会同俄罗斯联邦检察总长、联邦渔业行政管理机关、联邦国防行政管理机关协商同意批准的规定实施。

第77条　专业海港港务主任职权

专业海港港务主任，除了专供体育运动船舶和娱乐船舶使用的海港的港务主任外，在本法典第76条规定的联邦运输行政管理机关所确定的范围内行使职权。

第78条　海港港务主任的命令

海港港务主任在其职权内就保障航海安全和海港秩序问题所下达的命令，所有在港口的船舶、单位和公民都应当执行。

第79条　对船舶的检查

1. 为了核对各种船舶证件是否齐全、船舶基本性能与船舶证件是否一致和有关船员配备是否符合要求，海港港务主任对离港船舶实施查验。

2. 缺乏各种船舶证件的，或者有充分根据认为船舶不符合航海安全要求的，海港港务主任可以责令船舶接受检查。

3. 为了核对是否排除妨碍签发船舶离港许可证的缺陷，海港港务主任可以对船舶检视。

第 80 条　船舶离港许可证

1. 任何船舶在离港前都必须取得海港港务主任签发的离港许可证。

具有下列情形的，海港港务主任有权拒绝签发船舶离港许可证：

（1）船舶不适航，违反装载、船舶供应和船员配备要求的，或者船舶存在其他缺陷，对船舶航行安全、船上人员生命和健康造成危险，或者对海洋环境损害造成危险的；

（2）违反对各种船舶证件交验要求的；

（3）违背卫生检疫、移民局、海关、边防机关和其他被授权国家机关的命令的；

（4）没有支付所规定的港务费用的。

2. 海港港务主任行使本条规定权利（检查、检验和其他）的有关费用由船东承担。

第 81 条　港务当局扣留船舶和货物

1. 因救助作业、船舶碰撞所产生的要求，因港区建筑、水域、航道和航标设备器材受损或者因其他原因造成损害所产生的要求，港务当局根据该要求人的申请，在船东和货主提供足够的担保前，可以扣留船舶或货物。

无根据扣留造成船舶或货物损失的责任，由要求实施扣留的人承担。

2. 港务当局根据本条第 1 款所列要求所扣留船舶和货物的命令在 72 小时内有效，但是官方认定的非工作日除外。在上述规定的期限内，就扣押船舶和货物，法院、仲裁庭或者法律授予扣押权的海事公断庭没有作出决定的，应当立即释放船舶和货物。

第 82 条　在航标设备作用区域内的建筑施工

在海上航道的航标设备作用区域内的建筑施工，应当征得联邦运输行政管理机关和联邦国防行政管理机关同意，具有本法典第 76 条第 10 段规定情形的，还应征得有关海港港务主任同意。

第 83 条　船舶应招参与救助遇险人员和船舶

根据海港港务主任的要求，正停泊在港口的船舶，应当参加救助在港区水域遇险人员和船舶。

第 84 条　违反航海安全和港口秩序规则的责任

对违反航海安全和港口秩序规则的行为，海港港务主任有权依据俄罗斯联邦法律给予行政处罚。

第六章 海上引航员

第一节 船舶引航员引航

第 85 条 本章规定的适用范围

在入港航道上、在海港水域内、在海港之间以及在公海上，依据本章规定实施船舶引航员引航。

第 86 条 船舶引航员引航的目的

船舶实施引航员引航的目的为：

保障船舶航行安全和防止船舶发生事故；

保护海洋环境。

第 87 条 海上引航员

1. 船舶引航，由持有海港港务主任颁发的特定区域的船舶引航许可证书的海上引航员实施。

海上引航员由符合海上引航员规章要求的俄罗斯联邦公民担任。该规章由联邦运输行政管理机关会同联邦国防行政管理机关和联邦渔业行政管理机关协商同意批准。

2. 海上引航员（下称引航员）是引航服务部门的国家机构工作人员（注⑧）。

非国家机构的船舶引航组织，考虑到俄罗斯联邦政府确定的特殊性和本法典、俄罗斯联邦其他法律文件所规定的要求设立。

准许由非国家机构船舶引航组织从事船舶引航的港口名录，由俄罗斯联邦政府规定。

第88条 对船舶引航组织活动的国家监督

1. 联邦运输行政管理机关和联邦渔业行政管理机关，在各自的主管范围内，对国家机构船舶引航服务部门的引航业和对非国家机构船舶引航组织的引航业实施监督。

2. 按照非国家机构船舶引航组织的引航业监督程序，联邦运输行政管理机关和联邦渔业行政管理机关有权分别作出：

由该组织引航员在有关区域实施船舶强制引航决定和该组织引航范围决定；

就本法典第86条确定的船舶引航目的而言，对技术装备、工作人员人数和专业技能不符合要求的组织，终止其活动的决定。

第89条 规定船舶强制引航区域和非强制引航区域

联邦运输行政管理机关会同联邦国防行政管理机关和联邦渔业行政管理机关协商同意，规定船舶强制引航区域和非强制引航区域，并采用地方当局命令方式在各海港、航海指南和《航海布告》上将这些区域公布周知。

第90条 船舶强制引航

1. 在船舶强制引航区域，船长无权实施无引航员引航航行，但是船舶属于免除强制引航类型船舶的，或者由海港港务主任按照规定程序授权船长实行无引航员引航航行的除外。

违反本款规定的船长，依据俄罗斯联邦法律承担行政责任。

2. 免除强制引航的船舶类型，由各海港港务主任规定，并用地方当局行政命令方式在各海港公布周知。

3. 在毗邻水域的商业海港和渔业海港的船舶引航程序，由商业海港港务主任会同渔业海港港务主任协商同意规定。

第91条 船舶非强制引航

1. 在非强制船舶引航区域，如果有必要，船长可以聘用引航员引航。

2. 在非强制船舶引航区域，海港港务主任可以规定下列船舶强制引航：

船舶自身或者由其运送的货物可能会造成海洋环境损害危险。对该类船舶采用地方当局行政命令方式在各海港、航路指南和《航海布告》上公布周知；

船舶的船体、机械装置或者设备严重损坏，可能严重影响在港口航行安全。在这种情况下，通知船长其船舶应当在引航下行驶。

第92条 引航员履行职责具有公权性质

船舶引航时，引航员对于下列事项应当立即通知海港港务主任：

在航道上的可能造成航海安全危险的任何改变；

其正在实施引航的船舶发生事故，和由其提供服务区域的其他船舶发生事故；

其正在实施引航的船舶船长不履行船舶航行规则，和不履行预防船舶油类、有害物、污水或者垃圾的污染规则。

第二节 引航员与船长关系

第93条 引航证书

1. 抵达被引航船舶后，引航员应当向船长出示引航证书。

2. 船长无权将无引航证书的人作为引航员接纳上船。

第 94 条　保障引航员安全上下船

1. 船长应当保障引航员安全上下船，以及在船舶引航期间，保障免费提供其单独舱室、伙食。

2. 引航员带领实习生引航实习的，本条第 1 款规定也适用于实习生。

第 95 条　船长告知船舶资料

1. 船长向引航员准确告知船舶吃水深度、长度、宽度和吨位数据，该数据载入由船长签字的引航回执。

引航员有权要求船长告知，对于引航员为实施船舶引航所必要的其他资料（机动性能和其他）。

2. 对没有告知或者没有准确告知本条规定的船舶资料，船长依据俄罗斯联邦法律承担行政责任。

第 96 条　船长与引航员关系

为了保障船舶航行安全，船长应遵从引航员合理建议，没有充分合理根据不得干涉其工作。

第 97 条　引航员对舵手的命令

船长可以委托引航员直接命令舵手驾驶船舶航行和操纵船舶，这不能免除船长对该命令可能会出现的后果承担责任。

第 98 条　船长暂时离开驾驶台

船舶引航时，船长必须暂时离开驾驶台的，船长应当将此告知引航员并给其指定船长不在时驾驶船舶的负责人。

第 99 条　引航员暂停引航船舶

为了船舶安全航行所必要的，引航员有权暂停船舶引航，直到允许船舶安全航行情况出现。

第 100 条 引航员离船

在船舶抛锚、系泊安全地方、引航到海上或者由其他引航员更替前，引航员未经船长同意无权离开船舶。

第 101 条 引航员返回

1. 船长无权将引航员带出其正在服务的区域。

2. 引航员被其实施引航的船舶带出他正在服务区域的，船长必须保证用船舶将引航员送回他的经常所在地。

引航员被滞留不是不可抗力的原因引起的，引航员所属组织有权要求赔偿由于引航员被滞留给该组织造成的损失。

第 102 条 引航员和船长的责任

1. 引航员在船上并不排除船长管理船舶的责任。

有足够根据怀疑引航员建议正确性的，船长为了船舶航行安全有权拒绝该引航员服务。船舶引航是强制性的，船长应当要求替换引航员。

2. 对犯有过错不当引航船舶的引航员，可以吊销其引航证书。

第三节 船舶引航员不当引航的责任、引航费

第 103 条 船舶引航员不当引航的责任

实施船舶引航的引航员所在组织，对由于引航员过错致使船舶不当引航造成船舶受到的损害承担责任。

第 104 条 责任限制和责任限制权的丧失

1. 实施船舶引航的引航员所在组织，可以限制自己根据本

法典第 103 条规定的责任，其总额限定在船舶引航所应支付引航费 10 倍的额度内。

2. 经证明，由于船舶不当引航致使船舶受到的损害，是由于其引航员自己故意实施的或者重大过失实施的作为行为或者不作为行为导致的，该引航员所在组织丧失本条第 1 款规定的责任限制的权利。

第 105 条　对第三者的责任

实施船舶引航的引航员所在组织，对船舶不当引航造成第三者的损害不承担责任。

第 106 条　引航费

接受引航员服务的船舶缴纳引航费。引航费缴纳数额、缴纳程序和免除缴纳引航费的船舶种类，按照俄罗斯联邦法律规定的程序确定。

第七章　沉没的财产

第 107 条　本章规定的适用范围

1. 本章规定适用于在俄罗斯联邦内海或者领海范围内沉没财产的打捞、清除和销毁。

2. 遇难船舶及其残骸、设备、货物和其他物品，不管它们漂浮还是在水下，沉没在海底或者抛在浅滩上或者岸上，都属于沉没财产。

3. 本章规定不适用于：

军队沉没财产的打捞、清除和销毁；

史前的具有考古或者历史价值的文化性质的沉没海里财产的打捞，如果该财产处于海底。

4. 沉没财产的打捞、清除和销毁，依据本法典第二十章规定被视为救助作业的，救助者的报酬和专门补偿适用该规定，而不管本章如何规定。

第 108 条　所有人打捞其沉没财产

1. 沉没财产所有人，如果其打算打捞沉没财产，应当将此事在自财产沉没之日起 1 年内告知就近商业海港或者就近渔业海港的港务主任。

2. 商业海港或者渔业海港的港务主任自收到沉没财产所有人申请之日起 3 个月内，为所有人规定打捞沉没财产程序以及打捞足够的期限，但是，该期限自所有人收到商业海港或者渔业海港的港务主任打捞沉没财产的程序和期限的通知之日起不得少于 1 年。

第 109 条　所有人打捞沉没财产的义务

1. 沉没财产造成航海安全危险或者造成海洋环境污染损害，或者妨碍捕捞水生物资源、港口活动和港口工程（水工工程和其他）的，沉没财产所有人应当根据商业海港或者渔业海港的港务主任要求，在其决定的期限内打捞沉没财产，在必要时将其清除或者销毁。

2. 已知道沉没财产所有人的，商业海港或者渔业海港的港务主任应将自己的决定通知他们。

不知道沉没财产所有人的，商业海港或者渔业海港的港务主任在《航海布告》上将供打捞沉没财产所规定期限进行公告。此时，已知道沉没船舶船旗的，商业海港或者渔业海港的港务主任也应将相应通知呈送到俄罗斯联邦外交行政管理机关。

第 110 条　所有人对沉没财产的权利

沉没财产所有人不提出本法典第 108 条第 1 款申请，或者在法典第 108 条第 2 款规定的期限内没有打捞财产的，财产所有人对沉没财产的权利依据俄罗斯联邦法律确定。

第 111 条　港务当局打捞、清除或者销毁沉没财产

1. 港务当局有权打捞沉没财产，并且在必要时将其清除或者销毁，如果：

沉没财产所有人应当要打捞沉没财产，在必要时依据本法典第 109 条第 1 款应当将其清除或者销毁，可是沉没财产所有人没有被确定，或者在规定期限内沉没财产所有人不打捞沉没财产，在必要时也没有将其清除或者销毁的；

沉没财产造成严重和直接的航海安全危险，或者直接造成

海洋环境污染重大损害危险，或者严重妨碍捕捞水生物资源、海港活动和港口工程（水工工程和其他）的；

有足够根据表明，不允许沉没财产所有人用自己设备或者用其选择的船舶打捞单位的设备打捞、清除或者销毁沉没财产的。

2. 本条第 1 款规定的打捞、清除或者销毁沉没财产的经费由该财产所有人承担。

第 112 条　财产所有人索要被捞起的沉没财产

对依据本法典第 111 条第 1 款所捞起的沉没财产，所有人偿付打捞沉没财产的经费及与此相关的其他费用后可以索要，如果索要期从捞起该沉没财产时起不超过 1 年。

第 113 条　港务当局对由他们所支付费用有权获得全额补偿

依据本法典第 111 条第 1 款规定打捞、清除或销毁沉没财产的，在本法典第 112 条规定的期限期满后，港务当局有权：

按照俄罗斯联邦法律规定的程序出售捞起的沉没财产的全部或部分，并对打捞该财产所支付的费用和因此支付的其他费用，从出售该财产所得款项中获得补偿；

从沉没财产所有人处获得的费用补偿为，出售该财产所得款项尚不足以抵偿费用的开支部分；销毁沉没财产的，则还可获得因销毁该财产所支付费用。

第 114 条　偶尔打捞到的沉没财产

在俄罗斯联邦内海、领海或者在公海实施有关商业航海作业时，对于偶尔打捞到的沉没财产，应当移交到就近的商业海港或者渔业海港。在这种情况下，按照已移交财产价值的 1/3 的比例获取报酬。

第八章　海上货物运输合同

第一节　一般规定

第115条　海上货物运输合同的定义和类型

1. 根据海上货物运输合同，承运人负责将托运人已交给他的或者将要交给他的货物运送到指定港口，并将该货物交货给有权领取货物的人（下称收货人），而托运人或者船舶承租人按约定负责支付运输货物的费用（运费）。

2. 海上货物运输合同可以订立：

（1）附有提供整船、部分船舶的或者附有提供某些特定舱位的海上货物运输条款（租船合同）；

（2）没有上述条款。

3. 承运人是指与托运人或者船舶承租人签订海上货物运输合同的人，或者以其名义签订该合同的人。

4. 船舶承租人是指签订本条第2款第1项规定的海上货物运输合同的人。

5. 托运人是指签订本条第2款第2项规定的海上货物运输合同的人，以及以其名义将货物交给承运人的任何人。

第116条　本章规定的适用

合同双方没有另有约定的，适用本章规定。在本章明文规定情况下，不符合本章规定的双方协议无效。

第117条　海上货物运输合同的形式

1. 海上货物运输合同应当签订为书面形式。

2. 海上货物运输合同的存在和内容，可以由租船合同、提单或者其他书面证据证明。

第118条　关于组织海上货物运输的长期合同及其与海上货物运输合同的关系

1. 承运人和货主在实施连续不断海上货物运输时，可以签订组织海上货物运输的长期合同。

组织海上货物运输的长期合同已签订的，货物具体批次运输，依据海上货物运输合同实施，而该海上货物运输合同以该长期合同为根据签订。

2. 在组织海上货物运输的长期合同中约定一致的货物运输条款，被视为已列入海上货物运输合同中，如果合同双方没有达成别的协议。

海上货物运输合同条款与组织海上货物运输的长期合同条款有抵触的，适用海上货物运输合同条款。

组织海上货物运输的长期合同条款没有被列入提单的，对第三人不具有约束力，如果该第三人不是船舶承租人。

第119条　租船合同与提单的关系

承运人与不是海上货物运输合同一方的收货人之间的关系由提单确定。租船合同条款对于收货人有约束力，如果提单包含有援引租船合同条款。

第120条　租船合同的内容

租船合同应当包括当事人双方名称、船舶名称、载明货物品名和种类、运费金额、货物装载地名称，以及船舶目的地或者船舶航线名称。根据合同双方约定，可以将其他条款和附带条件列入租船合同。租船合同由承运人和船舶承租人或者他们的代表人签字。

第 121 条　租船合同权利的让与

在租船合同运输货物的情况下，船舶承租人经承运人同意可以将海上货物运输合同项下自己的权利转让给第三人。船舶承租人和受让上述权利的第三人，就不履行海上货物运输合同对承运人承担连带责任。

第 122 条　本章规定适用于近海航行的货物运输

本章规定适用于近海航行的货物运输，但是本法典第 167 条、第 170 条和第 171 条第 2 款规定除外。

第 123 条　供运输的货物接收的暂停或者限制

1. 接收货物运行中在发生导致中断的自然性质现象、事故和海损情况下，以及在检疫宣告情况下，港务当局可以命令暂停接收或者限制接收货物，并立即通知相关联邦运输行政管理机关和联邦渔业行政管理机关。这些机关规定暂停接收或者限制接收运输货物的期限。

2. 港务当局应立即将运输货物的暂停接收和限制接收情况通知货物托运人，在直达联运或者直达水上运输情况下，还应通知其他运输方式的运输单位。

第二节　供船和货物装载

第 124 条　船舶适航状态

1. 船舶起航前，承运人应当预先使船舶处于适航状态：保证船舶技术上适航、适当地装备船舶、配齐船员和供给所有必需物品，以及使装运货物的船舱和其他舱室处于适合货物接收、运输和保存状态。

2. 有证据证明，船舶不适航状况是在承运人显示出应有关注情况下仍未发现船舶缺陷（潜在缺陷）所致的，承运人对船舶不适航不承担责任。

3. 货物运输以提单为根据实施的，或者提单依据租船合同签发并且该提单调整的是承运人和不是船舶承租人的提单持有人之间关系的，合同双方与本条第 1 款相抵触的协议无效。

第 125 条　船舶更换

货物应当由特定船舶运输的，只有经船舶承租人或者托运人同意，货物才可以用另一艘船舶装运，但是货物装载开始后，由于技术原因需要货物转载的除外。

第 126 条　装载港

1. 承运人提供船舶时应当将船舶驶到租船合同指定的装载港，或者依据租船合同条款驶到由船舶承租人指定港口。船舶承租人应当指定安全的装载港。

2. 船舶承租人不指定装载港或者不及时指定装载港或者指定不安全的装载港的，承运人有权拒绝履行海上货物运输合同并要求赔偿损失。

第 127 条　货物装载地

1. 在租船合同项下货物运输的，承运人应当把船舶驶到船舶承租人指定的货物装载地提供船舶。船舶承租人应当指定安全和适合于货物装载的地点：船舶可以安全抵达；停在那里可以浮着；装载货物后可以从那里驶离。船舶承租人指定的装载地不适合货物装载的，或者数个船舶承租人指定了不同的货物装载地的，承运人可以将船舶驶到该港口货物通常装载地提供船舶。

船舶承租人可以要求将船舶移到其他的货物装载地，其费用由自己承担。

2. 在定期货物运输情况下，货物装载地由承运人确定。承运人应当告知托运人货物装载地，如果货物装载不在该港口货物通常装载地。

第128条　提供船舶期限

在租船合同项下运输货物的，承运人应当在租船合同约定的期限内提供船舶；在约定期限内没有提供船舶的，船舶承租人有权拒绝履行海上货物运输合同并要求赔偿损失。

第129条　船舶装载货物准备就绪通知书

1. 在租船合同项下运输货物的，承运人应当用书面方式通知船舶承租人或者托运人（如果船舶承租人指定托运人），船舶已准备好装载货物或者在约定时间内准备好装载货物。船舶在装载港或者在该港口通常泊位等待的，才可以发送该通知。

2. 本条第1款规定的通知书递交日和时，由合同双方约定；双方没有约定的，按该港惯例。

3. 船舶在通知书中规定时间内没有准备好装载货物的，船舶装载货物准备就绪通知书被视为没有发送，由此造成船舶承租人的损失，承运人应当赔偿。

第130条　停船时间

1. 承运人提供装载货物船舶的并使船舶处于货物装载状态的无需支付补偿运费的期限（停船时间），由合同双方约定；没有这种约定的，采用装载港通常使用期限来确定。

2. 停船时间以工作日、时和分计，从发送船舶装载货物准备就绪通知书后的第二天起算。

3. 基于承运人的原因，或者由于不可抗力或者水文气象条件造成货物保管危险或者妨碍货物安全装载所引起的货物不能装载，其时间不记入停船时间。

基于船舶承租人原因造成货物不能装载的时间计入停船时间。

4. 在停船时间的期间开始之前装载货物的，用于实际装载货物的时间计入停船时间内。

5. 本条规定相应适用于该货物在卸载港卸载情形。

第 131 条　停留宽限时间

1. 停船时间结束后，合同双方可以约定延长等候时间（停留宽限时间）。合同双方没有这种协议的，采用装载港通常期间来确定停留宽限延续时间。

2. 停留宽限时间按日历的日、时、分计，自停船时间结束时刻起算。

3. 星期日、官方规定的节日、宣布为港区休息时间，以及装载货物中造成保管货物危险或者妨碍货物安全装载的不可抗力或者水文气象条件所引起的装载间断时间都计入停留宽限时间内。基于承运人的原因致使货物不能装载的时间，不计入停留宽限时间。

4. 本条和本法典第 132 条、第 133 条和第 135 条规定相应适用于该货物在卸载港卸载的情形。

第 132 条　滞留费

在停留宽限时间内应当支付给承运人的船舶滞留费用由合

同双方约定（滞留费）；没有约定的，依据有关港口通常采用的费率确定。没有该费率的，滞留费由船舶及其船员的维持费用确定。

第133条　提前结束装载的报酬

因在停船时间期限届满前结束装载货物，合同双方可以约定给船舶承租人支付报酬（速遣费）；没有该约定的，速遣费金额按滞留费1/2金额计算。

第134条　停留宽限时间期满后，承运人的船舶起航权

1. 不是基于承运人的原因，即使所有约定货物没有装载完毕，在停留宽限时间期满后承运人有权将船舶起航，同时承运人保留获得全部运费的权利。

2. 整船供货物运输的，承运人无权拒绝接收在停船时间或者停留宽限时间期满运到的货物，如果签订有时间协议，即使货物接收和堆置可能使船舶停留逾越规定期限。

3. 不是整船供货物运输的，根据有关时间协议，承运人在停船时间或者停留宽限时间期满前，对于虽因迟延提交但仍可用妥当方法载装上船也不使其他货物受损的仅造成船舶滞留的货物，有权拒绝接收。同时承运人保留获得全部运费的权利。

第135条　赔偿船舶滞留损失

对于超越停留宽限时间的船舶滞留，船舶承租人应当赔偿承运人受到的损失，如果船舶滞留不是由于承运人的原因造成。

第136条　根据船舶承租人的要求船舶提前起航

整船供给船舶承租人装运货物的，承运人应当根据船舶承租人的要求起航船舶，即使货物没有全部装载完。承运人在这种情况下保留获得全部运费的权利。

第 137 条　清除他人货物

1. 提供整船、部分船舶运输货物或者指定船舱运输货物的，托运人在起航港可以要求从船上、部分船舶上或者从指定船舱里清除他人货物；整船供运输货物的，托运人可以在船舶停泊的任何港口要求清除他人货物。

2. 货物没有及时从船上、部分船舱上或者从指定船舱里清除的，船舶承租人有权要求减少相应运费以及赔偿其所造成的损失。

第 138 条　舱面货

1. 承运人只有依据承运人与托运人之间的协议、俄罗斯联邦法律或者其他法律文件，或者业务往来惯例，才有权在舱面载运货物。

2. 承运人与托运人达成协议，约定货物应当或者可以在舱面上载运的，承运人应当将该协议在提单或者其他证明海上货物运输合同的单证中载明。承运人不作这样载明的，他应当证明，就舱面载运货物协议，其与托运人已经签订，但是承运人无权援引该协议以对抗善意取得提单的第三人包括收货人。

3. 违反本条第 1 款规定而在舱面载运货物的，或者依据本条第 2 款承运人不得援引舱面载运货物协议的，承运人对完全是由于舱面载运货物而造成的货物灭失或损坏或者延迟送达承担责任，而不管本法典第 166 条和第 167 条规定。

承运人的责任范围，依据本法典第 170 条或者第 172 条规定视不同情形确定。

4. 如果有货物装载船舱运输协议，而将货物装载在舱面上运输，则被视为承运人的作为或者不作为，这些行为导致承运人丧失本法典第 172 条的责任限制权。

第 139 条　货物的包装和标志

1. 为了保障货物运输时完好无损，对于需要包装物和包装的货物，应当处于良好的包装物和包装的状态下提交运输。对于规定有国家标准或者规定有技术规格的包装物和包装，应当与该标准或者要求相符合。这些要求也适用于托运人提交的集装箱。

2. 托运人应当用适当方式制作货物标志，并给承运人提供必要的货物信息资料。货物有特殊处理要求的，托运人应当给承运人提供有关货物性能和处理它的程序。

第 140 条　货物的更换

在船舶租赁合同中已约定类型或品种的货物，只有经承运人同意才可以更换为另外类型或品种的货物。

第 141 条　涉及货物的各种证件

托运人应当将港务、海关、卫生检疫或者其他行政规则所要求的涉及货物的全部证件及时递交给承运人，并对承运人因不及时递交上述证件、递交不真实或者不充分证件所造成的损失承担责任。

第三节　提　单

第 142 条　提单签发

1. 供运输的货物接收以后，承运人根据托运人的要求应当给其签发提单。

提单根据托运人签署的单据编制。该单据内容应当包括本法典第 144 条第 1 款第 3 项至第 8 项规定的项目。

2. 托运人向承运人保证所提供的列入提单资料的真实性，

并承担因这些资料不真实所造成承运人损失的责任。

承运人要求托运人赔偿损失的权利，并不免除承运人根据海上货物运输合同对与托运人不同的其他任何人的责任。

第 143 条　签发代替提单的其他运输单证

托运人有权要求承运人签发代替提单的海运单或者其他证明运输货物已接收的运输单证。这些单证适用本节规定，但是涉及提单这一商品处分文书的（注⑨）规定和本法典第 144 条第 2 款第 2 项、第 146 条至第 148 条及第 149 条第 2 款的规定除外。

第 144 条　提单内容

1. 下列事项应当载入提单：

（1）承运人名称及地址；

（2）依据海上货物运输合同约定的装载港名称和承运人在装载港接收货物的日期；

（3）托运人名称及地址；

（4）依据海上货物运输合同约定的卸货港名称；

（5）收货人名称，如果托运人指定收货人；

（6）货物名称、供识别货物的必要的基本标志、在有关情况下指明货物的危险性或者特性、件数或者物品数量和货物重量或者用其他方式标志其数量。同时，所有这些资料要载明由托运人提交；

（7）货物的外表状况及其包装；

（8）应当由收货人支付运费金额，或者其他方式指明应当由其支付的运费；

（9）提单签发的时间和地址；

（10）正本提单数份，如果提单有若干份；

（11）承运人签字或者有权代表其签字的人的签字。

根据合同双方协议，可以将其他事项和附带条件列入提单。

船长签字的提单被视为以承运人名义签字。

2. 货物装船以后，承运人根据托运人的要求给其签发装船提单。在该提单中，除了本条第 1 款规定的事项外，还应当载明货物已装载在约定的船舶上或者数艘船舶上，以及载明货物装载的日期或者数个日期。

承运人在货物装船前已给托运人签发收货待运提单或者其他属于该货的商品处分文书的，托运人应当根据承运人要求退回该单证，更换成已装船提单。

承运人为满足托运人对已装船提单的要求，可以补充任何原先签发的单证，只要经补充后的单证包括已装船提单中应当有的所有事项。

第 145 条　在提单中的批注、提单证据效力

1. 提单中包括有货物名称、货物主要标志、件数或者包数、货物量或数量事项，并且承运人或者代表其签发提单的其他人知道或者有足够根据认为该事项与实际接收货物不符或者在签发已装船提单时与已装船货物不符，或者承运人或者该签发提单的其他人没有合理可能核实上述事项的，承运人或者该签发提单的其他人应当在提单中批注，具体指出不足、推测根据或者指出没有合理可能核实上述事项。

2. 承运人或者代表其签发提单的其他人在提单中对货物外表状况不作批注的，则视为在提单中记载的货物外表状况良好。

3. 除了依据本条第 1 款允许载入的批注事项外，提单证明承运人按照其在提单中的记载已接收运输的货物，如果未经另有证据证明。如果提单已转让给第三人，而该第三人依据包含在提单中对货物的记载来善意运作，则不允许承运人用另有证

据来证明。

第146条　提单种类

提单可以载明已确定的收货人名字（记名提单），载明凭托运人或者收货人指示（指示提单）或者凭提单持有人。没有载明托运人或收货人指示的提单，视为凭托运人指示。

第147条　提单份数

根据托运人的要求，可以给其签发数份提单（正本），并且在每一份提单中标明有正本提单数目。以出示数份正本中的首份提单为根据交货后，剩余正本提单失效。

第148条　提单转让

提单转让遵循下列规定：

记名提单可以依据记名转让背书转让，或者可以依据让与要求的规定用其他方式转让；

指示提单可以依据记名转让背书或者空白转让背书转让；

不记名提单可以经直接递交转让。

第149条　处分货物权

1. 在将货物交付给收货人前，或者将该权利转让给收货人或者第三人前，托运人有权处分货物。在将货物处分权转让给收货人或者第三人情况下，托运人应当将此事通知承运人。

2. 在出示签发给托运人的整套正本提单或者在提供相应担保情况下，并遵守本法典第155条和第156条规定的，托运人有权要求在托运地船舶离港前退还交付的货物、在中转港交付货物，或者将货物交给其他人而不是给已在运输单证中载明的人。

第四节　海上货物运输合同的履行

第 150 条　承运人对货物的义务

1. 承运人从接收运输货物时起到货物交货完时止的期间，应当尽心地装载、搬运、配载、运输、保管、照料和卸载所运货物。

2. 接收运输的货物基于其性质要求特殊处理，并在海上货物运输合同中和在货件上载明须知的，承运人应当依据该载明照料货物。

3. 与本条第 1 款相抵触的合同及双方协议无效。

第 151 条　危险货物

1. 对自身属性为易燃、易爆或者危险货物，用不正确品名交付，并且承运人在接收货物时经外部审查也不可能来证明其性质的，对该货物，承运人可以在任何时候依据各种情形卸下、销毁、消除其危险而不给予托运人损失赔偿。

托运人对承运人由于装运该货物所遭受到的损失承担责任。

该货物的运费不得退还。在货物托运时运费没有付清的，承运人有权追索全部运费。

2. 承运人知道并经其同意装运的本条第 1 款规定货物，将对船舶、其他货物或者船上人员构成危险的，承运人有权依据不同情形，将该货物卸下、销毁或者消除其危险而不给托运人损失赔偿，但是共同海损除外。

承运人有运费权，其金额按照与船舶装运该货物实际航行里程的比例确定。

第 152 条　货物运输的期限和航线

承运人应当按照合同双方约定期限和航线运送货物；没有约定期限和航线的，应当按照一个尽心承运人并考虑到各种具体情况确定所要求的合理期限和采用习惯航线。

第 153 条　妨碍船舶驶入目的港

1. 由于有关当局的禁令、自然现象或者不取决于承运人的其他原因，致使船舶不能驶入目的港的，承运人应当将此事立即通知托运人或者船舶承租人或者为承运人所知道的被授权处分货物的人。

2. 整船提供货物装运，并且自承运人发出通知时起在合理期限内，该船舶没有接到托运人或者船舶承租人或者被授权处分货物的人的有关处理该货指示的，船长有权酌情选择其中最近一个港口卸载或者将货物返回起航港，这取决于船长意见来选择对托运人或者船舶承租人或者被授权处分货物的人更加有利的一项。

3. 不是整船提供货物运输的，船长根据托运人或者船舶承租人或者被授权处分货物的人指示，将不能送达到目的港的货物运送到其他港口卸载。自承运人发出通知时起 3 日内没有收到这种指示的，船长有权酌情选择其中最近一个港口卸载，并将此事通知托运人或者船舶承租人或者被授权处分货物的人。船长收到的指示不造成船上其他货物的货主损害便无法执行的，船长也有权照此办理。

4. 承运人有权要求赔偿，等待托运人或者船舶承租人或者被授权处分货物的人的指示的合理期限内的费用、用于货物的费用，以及按照与船舶实际航行里程比例计算的运费。

第五节 海上货物运输合同义务终止履行

第 154 条 承运人拒绝履行海上货物运输合同

已装载的货物价值尚不足以抵偿运费和承运人用于货物的其他费用，并且托运人或者船舶承租人在船舶起航前没有缴纳足额运费，也没有提供补充保证的，承运人有权在船舶起航前拒绝履行海上货物运输合同，并要求支付全部运费中的一半；有船舶滞留的，还得支付滞留费和赔偿承运人为货物垫付的其他开支。货物卸载费用由托运人或者船舶承租人负担。

第 155 条 托运人或者船舶承租人拒绝履行海上货物运输合同

1. 整船供货物运输的，在下列支付条件下，托运人或者船舶承租人有权拒绝履行海上货物运输合同：

（1）托运人或者船舶承租人的拒绝，在为装载货物所规定的停船时间和停留宽限时间期满前出现的，或者在船舶起航前出现的，支付全部运费的一半；在船舶滞留情况下，支付滞留费和支付承运人为货物所垫付的并没有包括在运费总额内的费用。上列两种拒绝履行情形以较早出现的一种情形为准；

（2）托运人或者船舶承租人的拒绝，出现在本款第 1 项规定的两种情形中的任何一种情形之后，并且海上货物运输合同签订为一个航次的，支付全部运费和本款第 1 项规定的其他费用；

（3）托运人或者船舶承租人的拒绝，出现在本款第 1 项规定的两种情形中的任何一种情形之后，并且海上货物运输合同签订为数航次的，对于第一个航次，支付全部运费和本款第 1 项规定的其他费用；对于剩余航次，支付一半运费。

在船舶起航前托运人或者船舶承租人拒绝履行海上货物运输合同的，承运人应当将货物还给托运人或者船舶承租人，即使货物卸载可能使船舶滞留时间超出原规定期限。

在航程中托运人或者船舶承租人拒绝履行海上货物运输合同的，托运人或者船舶承租人只有在船舶依据海上货物运输合同或者基于必要应当到达的港口才有权要求交还货物。

2. 不是整船供运输货物的，在支付全额运费情况下，和在有船舶滞留支付滞留费、赔偿承运人为货物负担的不包括运费总额内的费用情况下，托运人或者船舶承租人可以拒绝履行海上货物运输合同。承运人应当根据托运人或者船舶承租人要求在货物运送到目的港之前交还该货，这仅限于没有给承运人和其他托运人或者船舶承租人造成损害的情况下。

第156条　任何一方拒绝履行海上货物运输合同

1. 船舶驶离货物装载地前出现下列情形的，海上货物运输合同任何一方有权拒绝履行该合同而不给对方赔偿损失：

（1）战争行为或者其他行为，造成船舶或者货物有扣留危险的；

（2）船舶起运地或者目的地被封锁的；

（3）不是海上货物运输合同双方原因，而是由于有关当局的命令扣押船舶的；

（4）供国家需要征用船舶的；

（5）有关当局禁止运输货物从起运地外运，或者禁止将货物运到目的地的。

本款第3项和第5项规定情形，不能作为拒绝履行海上货物运输合同而不给对方损害赔偿的根据，如果预见扣留船舶是短期的。

出现本款规定情形的，承运人不承担货物卸载费用。

2. 在航次中出现本条第1款规定的任何一种情形的，海上货物运输合同的任何一方也有权拒绝履行该合同。在这种情况下，托运人或者船舶承租人赔偿承运人用于货物所支付的全部费用，其中包括货物卸载费，以及按照船舶实际航行里程的比例所确定的运费金额。

第157条　由于无法履行导致海上货物运输合同终止

1. 海上货物运输合同签订以后到船舶驶离货物装载地前，出现下列不依赖于合同双方情形的，该合同终止，合同一方没有义务给另一方赔偿因合同终止所引起的损失：

船舶灭失或者被强占的；

船舶被认定为不适航的；

特定货物灭失的；

由同种类标志所确定的货物交付装载后灭失，托运人还没有来得及交付同类其他货物装载的。

2. 在航次中由于本条第1款中规定情形，也可终止海上货物运输合同。在这种情况下，应付给承运人运费，其金额根据免遭损害并交付的货物数量，并按照船舶实际航行里程的比例确定。

第六节　货物的卸载和交货

第158条　有权提取货物的人

1. 以提单为根据运输的货物，在出示下列正本提单情况下，承运人在卸载港交货：

对记名提单，给提单中指定的收货人；或者根据记名转让、背书转让的或者依据让与要求所规定的其他方式转让的，给提单持有人；

对指示提单，给凭提单载明的指示人；在提单中有多次转让背书的，给连续系列转让背书最后手指定的人，或者给最后手空白背书的提单持有人；

对无记名提单，给提单持有人。

2. 货物运输以海运单为根据或者以类似海运单的其他单证为根据进行的，承运人可以将货物交付给在该单证中被指定的收货人，或者交付给由托运人指定的收货人。

第 159 条　送交货物保存

1. 不是整船供货物运输，并且收货人在卸载港不提取货物或者拒绝提取货物或者迟延接收货物致使货物不能在规定时间内卸载的，承运人有权将货物送交仓库或者其他安全场所保存，其费用和风险由有权处分货物的人承担。承运人还应将此事通知托运人或者船舶承租人，以及为承运人所知悉的收货人。

2. 在整船供货物运输情况下，货物的卸载和送交保存由承运人在停船时间和停留宽限时间期满后实施，如果在停船时间和停留宽限时间内托运人或者船舶承租人或者有权处分货物的人没有另有指示。承运人花费在送交货物保存的时间，被视为船舶滞留时间。

3. 自船舶到达卸载港之日起 2 个月内，送交保存的货物没有被提取，并且托运人或者船舶承租人或者有权处分财产的人不支付应支付给承运人的运送该货物的各种费用的，承运人有权按规定程序将货物出售。没有被提取的易腐货物，以及保存货物费用超出其价值的货物，可以在上述规定的期限期满前出售，但不得早于货物送交期限。

4. 出售货物所得款项，扣除应当支付给承运人的应付款项和保管费、出售货物费用外余额，由承运人交给托运人或者船舶承租人。

出售货物所得款项尚不足于抵销应当支付给承运人的应付款项和保管费、出售货物费用的，承运人有权向托运人或者船舶承租人追索其应得的不足部分。

第160条　交货给收货人时的付款，货物留置权

1. 将货物交付给收货人时，收货人应当偿付由承运人为货物所实施的各种垫付，缴纳在卸载港的船舶滞留费，以及在货物运输以提单或者其他运输单证为根据实施且该单证已作规定情况下，按该单证规定支付运费和缴纳在装载港的船舶滞留费。有共同海损的，还应分摊共同海损赔偿费或者提供应有担保。

2. 在本条第1款规定的款项支付前或者提供担保前，承运人有权留置货物。

将货物送交不属于收货人的仓库储存的，承运人保留货物留置权，条件是将此事立即通知仓库所有人。

3. 只要承运人未能行使货物留置权是由于非其所控制的情况所致，在货物交货给收货人之后，承运人便丧失要求托运人或者船舶承租人偿还收货人尚未支付款项的权利。

4. 承运人留置货物的要求，由被留置货物价值来满足，其数量和程序由俄罗斯联邦民事法律规定。

5. 出售货物所得款项，扣除依据本条第1款应支付承运人款项和出售货物的有关合理开支后转归收货人。

出售货物所得款项，尚不足以支付依据本条第1款应支付给承运人的，承运人有权向托运人或者船舶承租人追索其不足部分。

第161条　检查货物或者检验其状态

事实上或者推测货物灭失或者损坏的，在交货给收货人之前，收货人和承运人应当彼此提供可能性，检查货物或者检验

其状态。检查货物或者检验其状态的费用由要求检查或者检验的一方承担。根据收货人要求所实施的货物检查或者货物状态检验结果，确定货物灭失或者损坏的，承运人对此承担责任，货物检查或者货物状态检验费用由承运人补偿。

第 162 条　货物灭失或者损害的声明

1. 在交货前或者交货时，收货人不用书面方式向承运人声明货物灭失或者损害，也不指出货物灭失或者损害的一般特征的，在缺乏另有证据证明情况下，被视为依据提单条款货物已接收。

2. 在以通常方法接收货物的情况下，货物的灭失或者损害能够查明的，收货人在接收货物后的 3 日内可以向承运人作出声明。

3. 在交货时，收货人和承运人一起检查货物或者检验货物状态的，收货人可以不提出本条第 1 款规定的声明。

第七节　运　费

第 163 条　货物运输款的支付

所有属于承运人的应得款项由托运人或者船舶承租人支付。托运人或者船舶承租人与承运人之间有协议约定，并且该约定列入提单的，款项支付允许转移到收货人。

第 164 条　运费金额

1. 运费金额由双方约定；双方没有约定的，运费金额依据货物装载地在货物装载时的费率计算。

2. 货物装船的数量比海上货物运输合同约定的多的，运费金额相应增加。

3. 其他货物代替海上货物运输合同约定的货物装船，该货物运费金额比海上货物运输合同约定的运费金额高的，运费按实际已装载货物支付。

实际装船的货物运费金额比海上货物运输合同约定的运费金额少的，按海上货物运输合同已约定的运费支付。

第 165 条　货物运输时所失去货物的运费

1. 对于在货物运输时所失去的货物，不得收取运费，运费在此之前已缴纳的，予以返还。失去货物后来获救的，承运人有运费权，其金额按照船舶航行里程比例计算。

在计算船舶实际航行里程运费时，应当考虑到船舶载货航行的部分航程与约定船舶航次的整个航程比例，以及考虑到船舶载货航行里程所支付的费用、引起的时间耗费和劳动耗费、遇到的风险与剩余部分航程在通常情况下所遇到的这些因素的关系。

2. 对于由于货物自然属性或者取决于托运人的情况致使货物受到灭失或者损害的，全额支付运费。

第八节　承运人、托运人和船舶承租人的责任

第 166 条　承运人的责任

1. 对所接收运输货物的灭失或者损害或者逾期送达，有证据证明，由于下列情形造成该货物的灭失、损害或者逾期送达的，承运人不承担责任：

（1）不可抗力；

（2）在海上或者其他可通航水域的危险或者意外；

（3）在海上任何救助人命措施或者救助财产合理措施；

（4）不是承运人的过错造成的火灾；

（5）有关当局行为或者命令（扣押、查封、检疫和其他）；

（6）战争行为或者民众骚乱；

（7）托运人或者收货人的作为行为或者不作为行为；

（8）货物的潜在缺陷、货物的特性或者自然损耗；

（9）从外表不易发现的货物包装材料和包装的缺陷；

（10）货物标志欠缺或者不清；

（11）引起工作全部或者部分停工或者受限制的罢工或者其他情形；

（12）不是由于承运人、其雇员或者代理人过错造成的其他情形。

2. 双方约定有期限，没有如期在海上货物运输合同规定的卸载港交货的；没有约定期限，则要求一个尽心承运人并考虑到各种具体情况，在合理期限内没有在上述指定港口交货的，则被视为承运人逾期送达货物。

3. 在本条第 2 款规定的交货期限期满后的 30 日历日内，货物没有在卸载港交付给有权收取货物的人的，因货物灭失有权向承运人声明要求的人，可以认为货物已灭失。

4. 承运人对所运输货物从接收时起到该货物交付时止的货物灭失或者损害或者逾期送达承担责任。

第 167 条　航海差错

有证据证明，所接收运输货物的灭失或者损害或者逾期送达，是由于船长、其他船员或者引航员在船舶航行或者管理船舶中作为或者不作为行为发生的（航海差错），承运人对该货物的灭失或者损害或者逾期送达不承担责任，但是对近海航行运输货物除外。

第168条　证明货物完好无损标记情况下，免除承运人的责任

对所接收运输的在完好载货舱位上并附有托运人完好铅封的、处于完好包装在途中没有开启痕迹送达目的港的货物灭失或者损害，以及对所接收运输的托运人或者收货人的代表人陪同运送的货物灭失或者损害，如果收货人没有证据证明所接收运输货物的灭失或者损害发生是由于承运人的过错所致的，承运人不承担责任。

第169条　承运人对货物的灭失或者损害的责任额度计算

1. 承运人对所接收的运输货物的灭失或者损害按下列标准承担责任：

（1）对货物已灭失的，按灭失货物的价值；

（2）对货物已损害的，按货物的降低价值；

（3）对所接收运输的有声明价货物灭失的，按该货声明价金额。对有声明价货物运输，从托运人或收货人处收取附加费，其金额由海上货物运输合同约定。

运费没有包括在灭失或者损害货物价值内的，承运人还应退还其收取的运费。

2. 应当赔偿的总额，依据海上货物运输合同从船舶上卸载或者应当要卸载的当地当日货物价值为根据计算。

货物价值按照在商品交易所价格确定，或者没有该价格的，依据现行市场价确定。这两种价格都没有的，依据同种类和同质量货物的通常价值确定。

从货物灭失或者损害的应当赔偿金额中，扣除各种运送货物的费用（运费、关税和其他），这些费用本应由货主支付，但由于货物灭失或损害产生无需支付。

第170条　承运人的责任限制

1. 托运人在货物装载前对货物的种类以及价值未作声明，也没有载入提单的，承运人对所接收的运输货物的灭失或者损害责任，每件或者其他每个货运单位不得超过 666.67 计算单位，或者不得超过灭失或者损害的货物毛重的每公斤 2 个计算单位。在两个赔偿限额中，以赔偿数额较高的为准。

2. 承运人对所接收运输货物的逾期送达责任，不得超过海上货物运输合同约定应当支付的运费金额。

3. 承运人以本条第 1 款和第 2 款为根据应当赔偿的总额，不得超过本条第 1 款对产生该责任的货物全部灭失所规定的责任限额。

4. 货物运输采用集装箱、运货托盘或者其他装运器具的，在提单中载明的作为在该装运器具里运输的件数或者货运单位数，视为本条所述件数或者货运单位数。但是，规定装运器具视为一件或者一个货运单位的情形除外。

5. 海上货物运输合同双方可以约定超过本条第 1 款到第 3 款规定的责任限额。

第171条　对承运人及其工作人员和代理人要求

1. 本法典第 166 条和第 170 条的承运人责任和其责任限制规定，适用于对承运人提起的海上货物运输合同所扩及的，因接收运输货物的灭失、损害或者逾期送达所产生的任何要求，不管其由合同引起还是由于侵权债务所产生。

2. 因接收运输货物的灭失或者损害或者逾期送达所产生的要求，向承运人的工作人员或代理人提出的，该工作人员或代理人如果有证据证明，其在职务（权限）范围内行事，有权应用承运人有权援引的责任和责任限制规定。

3. 除了本法典第 172 条规定情形外，可以向承运人及其工作人员和代理人追索，金额不得超过本法典第 170 条规定的责任限额总和。

第 172 条　责任限制权的丧失

1. 经证明，所接收运输货物的灭失或者损害或者逾期送达，是承运人本人故意实施的或者由于重大过失实施的作为行为或者不作为行为所致的，该承运人不具有本法典第 170 条规定的责任限制权利。

2. 经证明，所接收运输货物的灭失或者损害或者逾期送达，是承运人的工作人员和代理人本人故意实施的或者由于重大过失实施的作为行为或者不作为行为所致的，该工作人员和代理人不具有本法典第 171 条第 2 款规定的责任限制权利。

第 173 条　实际承运人的责任

1. 将货物运输或其部分货物运输委托实际承运人，即使这是海上货物运输合同条款所许可的，承运人依据本节规定仍然对整个货物运输承担责任。在实际承运人实施货物运输方面，承运人对实际承运人及其在各自职务（权限）范围内行事的工作人员和代理人的作为行为或者不作为行为承担责任。

实际承运人，是指接受承运人委托从事货物运输或者部分货物运输的人，和接受委托从事该货物运输的其他任何人。

2. 依据承运人和实际承运人之间的协议，本节有关承运人责任规定也适用于实际承运人由其实施的货物运输责任。

本法典第 171 条第 2 款和第 3 款和第 172 条第 2 款规定，在达成本款第 1 项规定的协议情形下，也适用于对实际承运人的工作人员或者代理人提出的要求。

3. 承运人负担本章未规定义务，或者放弃本章规定权利的任何协议，只有在实际承运人对此作出书面同意的情形下才扩及该实际承运人。不管实际承运人是否作出这种同意，承运人仍受该协议所产生的义务或者所放弃权利约束。

4. 承运人和实际承运人都承担责任的，则他们的责任是连带的。

5. 对所接收运输货物灭失或者损坏或者逾期送达，可以向承运人和实际承运人追索的总额，不得超过本节规定的责任限额总和。

6. 本节规定不损及承运人和实际承运人彼此之间的求偿权。

第174条　货物联运

1. 承运人签发的是规定部分阶段货物运输不是由承运人而是由其他人实施的联运提单的，联运提单可以规定，对由其他人实施部分阶段货物运输时货物处于该人掌管下所发生情形引起的接收运输货物灭失或者损坏或者逾期送达，承运人不承担责任。由该情况引起的接收运输货物的灭失或者损坏或者逾期送达的证明责任，由承运人承担。

2. 实施部分阶段货物运输的人，依据本节有关承运人责任规定，对其接收运输货物处于其掌管下发生情形所引起的该货灭失或者损坏或者逾期送达承担责任。

第175条　免除承运人责任或者减少其责任限额的协议

1. 货物运输以提单为根据所实施的，或者以依据船舶租赁合同签发并且调整承运人和非船舶承租人的提单持有人之间关系的提单为根据所实施的，关于免除由本节规定的承运人责任或者减少其该节规定的责任限额的协议无效。

2. 不依赖于本条第1款规定，承运人有权签订协议，免除由本节规定的承运人责任或者减少其该节规定的责任限额：

（1）从货物接收时起到货物装上船止和货物卸载后起到货物交付止；

（2）没有签发提单并且货物运输协议一致的条款载入的运输单证不是商品处分文书而是包含这种标记的单证的。本项规定适用于特定种类的货物运输，如果货物种类、状态、运输期限以及实施货物运输应当具备条件，事实证明签订特殊协议是正确的。

第176条　托运人和船舶承租人的责任

托运人和船舶承租人对造成承运人损失承担责任，如果没有证据证明，承运人损失不是他们的过错造成；或者他们对行为人的作为行为或者不作为行为负责的，如果没有证据证明，不是该行为人的过错造成。

第九章　海上旅客运输合同

第177条　海上旅客运输合同定义

1. 根据海上旅客运输合同，承运人负责将旅客运送到目的地，而当旅客提交托运行李时，还应将行李运送到目的地，并将其交给有权接收该行李的人；旅客负责支付规定的客运费，而在提交行李托运时，还应支付规定的行李托运费。

2. 承运人是指签订或者以其名义签订海上旅客运输合同的人，不管海上旅客运输由承运人实施或者由实际承运人实施。

实际承运人是指承运人以外的实际从事旅客运输或其部分运输的船舶所有人或者以其他法律为根据使用船舶的人。

3. 旅客是指依据海上旅客运输合同，船舶运送的任何人，或者经承运人同意，船舶运送的伴随海上货物运输合同约定的车辆或者动物的任何人。

第178条　本章规定的适用

合同双方没有另有协议的，适用本章规定。本章有明确规定的，与本章规定不相符合的双方协议无效。

第179条　各种运输单证

海上旅客运输合同签订以客票为凭证。旅客提交托运行李的，以行李托运单为凭证。

第180条　行李和客舱行李

本章所称：

行李是指根据海上旅客运输合同由承运人运送的任何物品或者车辆，但是根据海上货物运输合同运输的物品或者车辆，或者动物除外；

客舱行李是指旅客在其客舱内的或者其他由其携带、保管或控制的行李。客舱行李包括旅客在自己车辆内或车辆上的行李，但是本法典第 182 条和第 190 条第 2 款至第 5 款规定所适用情形除外。

第 181 条　客运费及行李托运费

1. 旅客的票价及行李托运费由双方约定。

使用公共运输工具运输的旅客票价及行李运费，根据俄罗斯联邦法律规定程序所制定的运费价目表确定。

2. 旅客有权：

在涉外运输中，对不满 2 岁的一个儿童，依据优惠运价不提供其单独座位免费携带运送；对其他不满 2 岁儿童以及 2 岁到 12 岁儿童，依据优惠运价提供其单独座位运送。

在规定规格范围内免费携带客舱行李。

第 182 条　旅客运送期间

旅客运输期间包括：

对于旅客及其客舱行李，旅客和（或者）其客舱行李在船上期间、旅客登船和离船期间，以及旅客及其客舱行李经水路从岸上送到船上或者相反从船上送到岸上期间，如果该运送价格列入船票价格内或者由承运人提供该运输辅助船舶供旅客支配。对于旅客，运送没有包括旅客在海运站、码头或者在任何其他港口设施内或者设施上的期间；

对于客舱行李，还包括旅客在海运站、码头或者在任何其他港口设施内或者设施上的期间，如果该行李由承运人、其工

作人员或者代理人接收还没有交还给旅客;

对于不属于客舱行李的其他行李,从承运人、其工作人员或者代理人在岸上或者在船上接收行李起,到该行李由承运人、其工作人员或者代理人交还给旅客时止的期间。

第183条 旅客解除海上旅客运输合同

1. 在船舶起航前,以及航程开始后在船舶驶入供旅客上船或者下船的任何一个港口,旅客有权解除海上旅客运输合同。

2. 旅客解除海上旅客运输合同不迟于联邦运输行政管理机关批准的海上旅客运输规章规定的期限,或者由于患病在船舶起航前没有赶到,或者由于患病或者由于承运人原因在船舶起航前解除海上旅客运输合同的,将旅客缴纳的所有的客票款和行李托运费退还给旅客。

第184条 承运人拒绝履行海上旅客运输合同

1. 出现下列不依赖于承运人情形的,承运人有权拒绝履行海上旅客运输合同:

(1) 战争或者其他行为,造成船舶有被扣留危险的;

(2) 起航地或者目的地被封锁的;

(3) 不是合同双方原因,而是由于有关当局的命令扣押船舶的;

(4) 国家需要征用船舶的;

(5) 船舶灭失或者被扣留的;

(6) 认为船舶不适航的。

承运人在起航前拒绝履行海上旅客运输合同的,将全额客运费及其行李托运费退还给旅客;航程开始后拒绝履行的,按照剩余航程比例退还那部分款项。

2. 拒绝履行海上旅客运输合同的承运人,在出现本条规定情形时，应当自己负担费用按照旅客要求将他们送到起航地，或者给旅客补偿他们实际支付费用。

第 185 条　海上旅客运输合同的变更

1. 由于起航地、目的地或者按照旅客运输航线前往途中的自然现象、不顺利的卫生防疫情况，以及由于不依赖于承运人的其他情况，推迟船舶起航、改变旅客运输航线、改变旅客上船和（或者）下船地点的行为是必要的，承运人有权实施上述行为。

遇有本款规定情形的，承运人应当自己负担费用按照旅客要求将他们送到起航地，或者给旅客补偿他们实际支付费用。

2. 本条第 1 款规定，不损及旅客解除海上旅客运输合同的权利。

第 186 条　承运人的责任

1. 在旅客及其行李运输时，造成旅客损害的事故，是由于承运人、在各自职务（权限）范围内行事的承运人的工作人员或者代理人过错造成的，承运人对旅客的人身伤亡以及旅客行李灭失或者损坏承担责任。

旅客行李灭失或者损坏，包括运送行李船舶或者应当运送行李船舶抵达后在合理时间内没有将行李交还给旅客的损害。

2. 造成旅客损害的事故在旅客及其行李运输时发生，以及造成损害的数额，由索赔人承担证明责任。

3. 旅客人身伤亡或者客舱行李的灭失或者损坏，因船舶遇难、碰撞、搁浅、在船舶上爆炸或者火灾或者船舶缺陷所致，或者与船舶遇难、碰撞、搁浅、在船舶上爆炸或者火灾或者船舶缺陷有关的，如果未经另有证据证明，则推定承运人、在各自职务（权限）范围内行事的工作人员或者代理人有过错。对于不属于客舱行李的其他行李灭失或者损坏，如果未经另有证据证明，则推定上述人员有过错，而不管引起该行李灭失或者损坏的事故性质如何。在其他情形下，过错证明责任由索赔人负担。

第 187 条　实际承运人

1. 旅客运输或者其部分运输委托给实际承运人的，承运人依据本章规定，仍然对全程旅客运输承担责任。同时，实际承运人对由其自己所实施的部分运输，承担本章规定的义务和享有本章规定的权利。

2. 对由实际承运人实施的旅客运输，承运人对实际承运人及其在各自职务（权限）范围内实施作为行为或者不作为行为的工作人员或者代理人承担责任。

3. 任何使实际承运人承担非由本章规定所加义务或者放弃该章授予权利的协议，只有在实际承运人用书面方式同意的情况下才对其有效。

4. 承运人和实际承运人都承担责任的，他们的责任是连带的。

5. 本章规定不损及承运人和实际承运人的彼此求偿权。

第 188 条　贵重物品的灭失和损坏

承运人对货币、有价证券、黄金、银制品、珠宝、装饰品、艺术品或者其他贵重物品灭失或者损坏不承担责任，只要该贵重物品没有交给同意保存其完好的承运人。对交付保存的该贵重物品，如果没有达成本法典第 191 条所规定的超过责任限额的协议，承运人承担责任不超过本法典第 190 条第 4 款规定限额。

第 189 条　旅客的故意或者重大过失

承运人有证据证明，旅客的故意或者重大过失是其人身伤亡的原因，或者促使其人身伤亡，或者促使其行李灭失或损坏的，可以免除承运人全部或者部分责任。

第 190 条　承运人的责任限额

1. 对造成每名旅客人身伤亡，承运人责任在整个运输中不得超过 175 000 个计算单位。损害赔偿采用分期支付方式的，该分期支付的相应总额不得超出上述承运人责任限额。

2. 对客舱行李的灭失或者损坏，承运人责任在整个运输中每名旅客不得超过 1 800 个计算单位。

3. 对车辆包括车辆里或者车辆上载运的行李的灭失或者损坏，承运人责任在整个运输中不得超过每辆车 10 000 个计算单位。

4. 对与本条第 2 款和第 3 款规定行李不同的其他行李灭失或者损坏，承运人责任在整个运输中不得超过每名旅客 2 700 个计算单位。

5. 承运人和旅客可以签订协议，约定承运人责任，对每一车辆损坏享有不超过 300 个计算单位免赔额；对其他行李灭失或者损坏享有不超过每名旅客 135 个计算单位免赔额。同时，上述免赔额应当从汽车或者其他行李灭失或者损坏造成旅客损害的金额中扣除。

6. 加算在损害赔偿金中的利息、诉讼费用，没有包括在本条第 1 款至第 5 款规定的责任限额内。

第 191 条　承运人责任限额的提高

承运人和旅客可以用书面协议约定，比本法典第 190 条第 1 款至第 5 款规定更高的承运人责任限额。

第192条 责任限额的适用

1. 依据本章规定向承运人或者实际承运人的工作人员或者代理人提出损害赔偿要求的，工作人员或者代理人如果有证据证明在各自职务（权限）范围内行事，则他们有权适用本章对承运人和实际承运人规定的责任限额。

2. 本法典第190条第1款至第5款规定的承运人责任限额，适用于由于一名旅客的人身伤亡或者其行李灭失或者损坏所产生的全部应当赔偿要求金额的总和。

3. 对由实际承运人实施的旅客运输，承运人、实际承运人以及在各自职务（权限）范围内行事的工作人员或者代理人应当赔偿的总额，不得超过依据本章规定可以向承运人或者实际承运人索赔的最高赔偿额。同时，上述任何人都不应当对超越适用于其责任限额的金额承担责任。

4. 承运人或者实际承运人的工作人员或者代理人，有权依据本条第1款使用本法典第190条第1款至第5款规定的承运人责任限额，由承运人或者在有关情形下由实际承运人、由承运人的或者实际承运的工作人员或者代理人赔偿的总额，不得超过上述限额。

第193条 责任限制权的丧失

1. 经证明，造成旅客损害是承运人自身故意实施的或者由于重大过失实施的作为行为或者不作为行为所致的，承运人无权使用本法典第190条第1款至第5款和第191条规定的承运人责任限额。

2. 经证明，造成旅客损害是承运人或者实际承运人的工作人员或者代理人故意或者由于重大过失实施的作为行为或者不作为行为所致的，该工作人员或者代理人无权使用本法典第190

条第 1 款至第 5 款和第 191 条对承运人规定的责任限额。

第 194 条　行李灭失或者损坏的声明

1. 旅客应当按下列时间向承运人或者其代理人提交书面声明：

客舱行李明显损坏的，在旅客离船前或者离船时提交；其他行李明显损坏的，在该行李交还前或者在交还时提交；行李灭失或者损坏不明显的，自旅客离船之日起或者自行李交还之日或者应当交还之日起 15 日内提交。

2. 旅客不提出本条规定要求的，如果未经另有证据证明，推定旅客已接收的行李没有被损坏。

3. 在旅客接收行李时，承运人和旅客一起检查行李或者检验其状态的，无需提出书面旅客声明。

第 195 条　免除承运人责任或者减少其责任限额的协议

在造成旅客人身伤亡或者其行李灭失或者损坏的事故发生之前，签订免除承运人责任或者规定减小其本章所确定的责任限额（本法典第 190 条第 5 款规定的情形除外）的协议，或者签订转移本应由承运人承担的证明责任的协议，均属无效。

第 196 条　船舶迟延起航或者迟延到达的承运人责任

没有证据证明运输旅客船舶迟延起航或者迟延到达目的地不取决于承运人的情形所致的，对于船舶迟延起航或者迟延到达目的地，承运人给旅客支付客运费及其行李托运费 50% 以下的罚款。

第 197 条　本章规定的适用范围

1. 只要承运人和旅客不是俄罗斯联邦的单位或者公民，本章有关承运人对旅客人身伤亡的责任规定和对该责任的限制规定，适用于涉外旅客运输的情形。

2. 承运人和旅客是俄罗斯联邦的单位或者公民的，承运人对造成旅客人身伤亡责任，依据俄罗斯联邦民事法律规定确定。

3. 本章的承运人对行李灭失或者损坏的责任规定和该责任的限制规定，不适用于在近海航行的行李运输情形。

在近海航行的行李运输情形下，承运人对行李灭失或者损坏或者行李逾期交还的责任，依据俄罗斯联邦民事法律确定。

第十章　定期租船合同

第 198 条　定期租船合同的定义

依据定期租船合同，船东负责提供由船东配置船员的船舶给船舶承租人在约定期限内用于货物运输、旅客运输或者其他商业航海目的，并收取报酬（运费）。

第 199 条　本章规定的适用

合同双方没有另行约定的，适用本章规定。

第 200 条　定期租船合同内容

在定期租船合同中应当载明，合同双方名称、船舶名称、船舶技术和运营资料（载重量、载货容积、航速和其他）、航区、租船目的、交船和还船时间和地点、运费率、定期租船合同期限。

第 201 条　定期租船合同方式

定期租船合同应当签订为书面方式。

第 202 条　定期租船的转租合同

1. 定期租船合同没有另行约定的，船舶承租人在定期租船合同授权范围内，可以以自己名义同第三人签订定期租船合同，其期限为定期租船合同整个租期或者部分租期（转租合同）。签订转租合同并不免除船舶承租人履行其与船东订立的定期租船合同义务。

2. 本章规定适用于船舶转租合同。

第 203 条　船舶适航状态

1. 船东在将船舶交给船舶承租人前应当使船舶处于适航状态，采取各种措施保障船舶（船体、发动机和设备）适合用于定期租船合同约定的租船目的，以及使船舶配齐船员和配置应有装备。

2. 有证据证明，船舶不适航状态是在船东显示出尽了应有关注情况下仍不能发现的缺陷（潜在缺陷）所致的，船东不承担责任。

3. 船东还应在定期租船合同期内维持船舶适航状态，支付船舶和自己责任的保险费以及船员给养费。

第 204 条　船舶承租人的船舶商业营运和船舶返还的义务

1. 船舶承租人应当按照定期租船合同约定的提供船舶和船员劳务的条件和目的来使用该船舶和劳务。船舶承租人支付燃料舱中燃料费和其他与船舶商业营运相关的税费。

使用承租船舶和船员劳务所获得的收入为船舶承租人所有，但是救助所得款项除外，该款项依据本法典第 210 条在船东和船舶承租人之间分配。

2. 定期租船合同期满后，船舶承租人应当在下列状态下将船舶还给船东：按其接收该船舶时状态，并考虑到船舶正常损耗。

3. 没有按时返还船舶的，船舶承租人按照定期租船合同约定的运费率支付迟延费，或者按照市场运费率支付迟延费，如果它超过定期租船合同约定的运费率。

第 205 条　船舶承租人对于货主的责任

船舶提供给船舶承租人从事货物运输的，他有权以自己的名义订立货物运输合同、签订租船合同、签发提单、海运单和其他运输单证。在该情况下，船舶承租人对货主依据本法典第166条至176条规定承担责任。

第206条　船员的隶属性

1. 船长和其他船员服从船东有关管理船舶的指示，其中包括船舶驾驶、船上内部秩序和船员组成。

2. 涉及船舶商业营运的船舶承租人指示，船长和其他船员应当执行。

第207条　船舶救助、灭失或者损坏所造成损失的责任免除

如未经证明该损失系船舶承租人过错所致，船舶承租人对承租船舶救助、灭失或者损坏所造成的损失不承担责任。

第208条　运费支付

1. 船舶承租人按照定期租船合同约定的程序和期限给船东支付运费。由于不适航使船舶不适合用于船舶营运，对于不适合营运期间的运费和船舶所需费用，免除船舶承租人支付。

由于船舶承租人过错使船舶不适合用于商业营运的，船东仍有定期租船合同约定的运费权，而不管船舶承租人赔偿船东所造成的损失。

2. 船舶承租人迟延支付运费逾14个日历日的，船东不经预告有权从船舶承租人处收回船舶，并向其追索该逾期所造成的损失。

第209条　船舶灭失和运费支付

船舶灭失的，应当支付运费，其期间从定期租船合同约定之日起到船舶灭失之日止；灭失之日不可能查明的，到获得船舶最后消息之日止。

第210条　提供救助服务的报酬

在定期租船合同期满前提供救助服务所获得的报酬，扣除救助开支和属于船员报酬份额后，在船东与船舶承租人之间均分。

第十一章　无船员的船舶租赁合同
（光船租赁合同）

第 211 条　无船员的船舶租赁合同（光船租赁合同）定义

依据无船员的船舶租赁合同（光船租赁合同），船东负责提供没有配置船员也没有供应品的船舶给船舶承租人在约定期限内使用并占有，用于货物、旅客运输或者用于其他商业航海目的，并收取报酬（运费）。

第 212 条　本章规定的适用

合同双方没有另行约定的，适用本章规定。

第 213 条　光船租赁合同的内容

光船租赁合同应当载明，合同双方名称、船舶名称、船级、船旗、技术和营运资料（载重量、载货容积、航速和其他）、其消耗燃料量、航区、租船目的、交船和还船的时间和地点、运费率、光船租赁合同期。

第 214 条　光船租赁合同的形式

光船租赁合同应当签订为书面形式。

第 215 条　无船员的船舶租赁的转租合同（光船租赁转租合同）

1. 光船租赁合同没有另行约定的，船舶承租人在光船租赁合同授权范围内，可以以自己名义与第三人订立无船员的船舶租赁合同（转租合同），其期限为光船租赁合同整个租期或者其部分租期。签订光船租赁转租合同并不免除船舶承租人履行其与船东订立的光船租赁合同义务。

2. 本章规定适用于光船租赁转租合同。

第 216 条　船舶的适航状态

1. 船东应当使船舶在将其交给船舶承租人之前处于适航状态，采取措施保障船舶（其船体、发动机和设备）适合用于光船租赁合同约定的租赁目的。

2. 船舶承租人应当在光船租赁合同期内保持船舶处于适航状态，但是船舶潜在缺陷的排除是船东的责任。

第 217 条　船员

船舶承租人要配齐船员。船舶承租人遵循本法典第 56 条规定条件，有权配齐的船员包括原先不是该船船员，或者依据光船租赁合同条款原先是该船船员的船员。配齐船员不管采用何种方法，船长和其他船员在各方面都归船舶承租人管辖。

第 218 条　船舶承租人船舶的营运和返还义务

1. 船舶承租人依据光船租赁合同条款实施船舶营运，并要承担营运船舶相关的一切费用，其中包括船员给养。船舶承租人承担船舶和自己责任的保险费，以及支付与船舶有关税费。

2. 光船租赁合同期满后，船舶承租人应当以其接收时该船舶的状态将船舶还给船东，还船时还应考虑到船舶正常损耗。

第 219 条　船舶承租人对第三人的责任

对船舶营运所产生的第三人的任何要求，船舶承租人承担责任，但是对船舶油污和海上运输有害有毒物质所引起的损害赔偿要求除外。

第 220 条 船舶救助、灭失或者损坏造成的损失

如果没有证据证明该类损失不是其过错造成，船舶救助、灭失或者损坏所造成的损失由船舶承租人承担。

第 221 条 给船东支付运费

1. 船舶承租人按合同双方约定运费率提前 1 个月给船东支付运费。由于不适航状态使船舶不适合用于营运，船舶承租人在该不适合营运期间的运费和船舶费用免除支付，只要船舶不适航非因船舶承租人的过错所致。

2. 迟延支付运费逾 14 个日历日的，除了本法典第 222 条规定的情形外，船东有权未经预告从船舶承租人处收回船舶，并向其追索该逾期支付所造成的损失。

3. 船舶灭失的，应当支付运费，其期间从光船租赁合同约定之日起到船舶灭失之日止；灭失之日不可能查明的，到获得船舶最后消息之日止。

第 222 条 不得收回船舶

船舶承租人迟延支付运费逾期 14 个日历日，且该迟延支付并不是依赖于船舶承租人的情形引起的，依据含有本法典第 223 条的船舶购买条款的光船租赁合同，船东无权从船舶承租人处收回船舶，但有权向船舶承租人追索迟延支付所造成的损失。

第 223 条 船舶租购

船舶承租人履行了自己的光船租赁合同义务，并依据本法典第 221 条第 1 款支付了最后一笔运费的，依据含有船舶承租人购买船舶条款的光船租赁合同，在光船租赁合同租期满后，船舶转归船舶承租人所有。

第224条　对租购船舶缺陷的责任

船舶承租人有证据证明，船舶任何缺陷在该船舶转让给他之前已经产生或者基于船舶转让前原因所产生的，船东对船舶承租人所租购船舶的任何缺陷其中包括隐蔽缺陷承担责任。

第十二章　拖带合同

第 225 条　拖带合同的定义

依据拖带合同，一船船东将另一船舶或者其他浮动装置拖带约定里程（海上拖带），或者在港区水域内执行拖带调度，其中包括将船舶或者其他浮动装置拖带到港内或者由港内拖带到港外（港区拖带），并收取拖带费。

第 226 条　本章规定的适用

合同双方没有另行约定的，适用本章规定。

第 227 条　拖带合同的方式

1. 海上拖带合同订立采用书面方式。

2. 港区拖带合同签订可以采用口头形式。将拖带指挥义务委托承拖船舶船长承担的协议应当采用书面形式。

第 228 条　拖带合同双方的义务

1. 拖带合同的每一方，应当预先使自己的船舶或者其他浮动装置处于适拖状态。

2. 拖带应当采用情形所要求的技能实施，除必要的情形外不得中断和迟延，并依据良好的海运习惯实施。

3. 处于另一船或者另一其他浮动装置的船长指挥下的船舶或者其他浮动装置，也应当关心拖带船队的航行安全。

第 229 条　海上拖带责任

1. 海上拖带在承拖船舶船长指挥下进行。

没有证据证明，海上拖带造成被拖的船舶或者其他浮动装置的或者这些装置上的人员或者财产的损害不是承拖船舶过错所致的，承拖船舶船东对该损害承担责任。

2. 海上拖带合同的双方，可以签订书面协议将海上拖带的指挥义务委托被拖船舶或其他浮动装置的船长承担。

此种情况下，没有证据证明，海上拖带造成承拖船舶的或者该船上人员或财产的损害不是被拖浮动装置过错所致的，被拖浮动装置的船东对该损害承担责任。

第 230 条　港区拖带责任

1. 港区拖带在被托船舶或者其他浮动装置船长指挥下进行。

没有证据证明，港区拖带造成承拖船舶的或者在该船上人员或者财产的损害不是被拖的船舶或者其他浮动装置过错所致的，被拖浮动装置船东对该损害承担责任。

2. 港区拖带合同双方可以用书面方式约定，将港区拖带指挥义务委托给承拖船舶的船长承担。

在这种情形下，没有证据证明，港区拖带造成被拖带的船舶或者其他浮动装置的或者在这些装置上人员或者财产的损害不是承拖船舶过错所致的，承拖船舶船东对该损害承担责任。

第 231 条　冰区水域拖带的责任

未经证明，冰区水域拖带造成被拖的船舶或者其他浮动装置的或者在这些装置上的人员或者财产的损害是承拖船舶过错所致的，承拖船舶船东对该损害不负责任。

第十三章　海运代理合同

第 232 条　海运代理合同的定义

依据海运代理合同，海运代理人按照船东委托，以自己名义或者以船东名义并由船东承担费用，在约定港口或者约定区域，负责实施法律行为或者其他行为，并收取代理费。

第 233 条　本章规定的适用

合同双方没有另行约定的，适用本章规定。

第 234 条　海运代理人一般权能的限制

船东限制海运代理人以船东名义实施法律行为一般权限的，海运代理人与善意第三人所实施的法律行为有效，并且为船东设立所实施法律行为的权利和义务，只要第三人不知道该限制。

第 235 条　为了不同方当事人利益，海运代理人的行为

海运代理人经船东同意，也可以为了另一方利益行使另一方所授权的法律行为或者其他行为。

第 236 条　海运分代理合同

为了履行海运代理合同，海运代理人有权与其他人订立海运分代理合同，此时，对海运分代理人行为仍然为船东负责。海运分代理人无权以船东名义与第三人签订合同，只要海运分代理人不以转委托为根据开展活动。

第 237 条　海运代理人的权利和义务

1. 海运代理人办理船舶到港、在港内停留和离港相关手续，在与港务当局和地方当局建立联系方面以及为在港船舶供应和船舶服务的组织方面给船长提供帮助，办理货物各种单证，代收根据海上货物运输合同产生要求的属于船东的运费和其他款项，按照船东和船长的指示支付船船留港期间应当支付的费用，为定期班轮运输承揽货物，进行运费收集、货物收发和实施海运代理的其他行为。

2. 海运代理人应当：

为船东利益应尽心地并依据海运代理习惯办理自己业务；

在自己权限范围内行事；

按照海运代理合同约定的程序和期限，统计各种经费开支和向船东提供决算报告。

第 238 条　船东的义务

船东应当：

为海运代理人提供足额资金，以便其依据海运代理合同实施代理；

补偿海运代理人所垫付的各种费用；

对海运代理人的行为结果承担责任，如果海运代理人以船东名义并在其权限范围内实施代理。

给海运代理人支付报酬，其金额和程序由海运代理合同约定。

第 239 条　海运代理合同的终止

1. 海运代理合同订立有一定期限的，该合同期结束时合同终止。

2. 海运代理合同订立无一定期限的，任何一方在终止该合同之日前，不少于 3 个月将终止事宜告知对方后，期限届满时有权终止合同。

第十四章　海运居间合同

第 240 条　海运居间合同的定义

依据海运居间合同，居间人（海运居间人）以委托人名义并由委托人承担经费，为订立船舶买卖合同、租船合同和拖带合同以及海上保险合同负责提供媒介服务。

第 241 条　本章规定的适用

合同双方没有另行约定的，适用本章规定。

第 242 条　海运居间人行使海运代理人的行为

海运居间人根据委托人委托可以办理船舶进港、在港内停留和离港手续，以及办理依据本法典第 237 条通常由海运代理人办理的其他事务。在这种情况下，适用本法典第 232 条至第 239 条海运代理合同的规定。

第 243 条　为了双方利益，海运居间人的行为

在订立本法典第 240 条规定的各种合同时，海运居间人可以代表该合同双方，如果合同双方都授权他。这时，海运居间人应当告知合同任何一方，他也代表合同另一方，并且在提供媒介服务时应当为合同双方利益服务。

第 244 条　海运居间人服务的报酬

海运居间人对于订立本法典第 240 条规定的各种合同所提供的媒介服务有权获得报酬，如果该合同的订立是海运居间人

努力的结果。

第245条　海运居间人的报告义务

执行委托人委托后，海运居间人对收到委托人的款项应当提交报告。

第十五章　海上保险合同

第246条　海上保险合同的定义

依据海上保险合同，保险人以收取费用为条件（保险费），当海上保险合同约定的保险标的遇到危险或者事故（保险事故）时，负责给被保险人或者享有合同利益其他人（保险受益人）赔偿所受到的损失。

第247条　本章规定的适用

合同双方没有另行约定的，适用本章规定。在本章明文规定情况下，与本章规定不相符合的合同双方协议无效。

第248条　海上保险合同的形式

海上保险合同应当采用书面形式。

第249条　海上保险标的

1. 作为海上保险的标的，是指与商业航海有关的各种财产利益，即船舶、在建船舶、货物、运费以及旅客票款、船舶使用费、货物期待利润和其他的用船舶、货物和运费来担保的需求、工资和其他属于船长及其他船员的款项，其中包括遣送回国费、船东责任和由保险人承担的风险（再保险）。

2. 海上保险标的应当在海上保险合同中载明。

第250条　风险信息

1. 在订立海上保险合同时，被保险人对于有关确定风险等级有实质意义的，并且为被保险人所知悉或者应当知悉的情况，以及对于保险人要求提供的情况应当告知保险人。

对于众所周知的情况以及保险人知道或者应当知道的情况，免除被保险人告知保险人的义务。

2. 对于确定风险等级有实质意义的情况，被保险人没有告知或者告知不真实情况的，保险人有权拒绝履行海上保险合同。被保险人没有证据证明，其没有告知情况或者告知不真实的情况不是其过错所致的，此时保险费仍属被保险人。

3. 对于确定风险等级有实质意义的被保险人也没有告知的情况已不复存在的，保险人无权拒绝履行海上保险合同。

4. 在订立海上保险合同时，被保险人对保险人所询问情况没有答复的，保险人不得以该情况没有通知保险人为理由，事后拒绝履行海上保险合同。

第 251 条　保险单和保险条款

保险人应给被保险人签发证明海上保险合同订立的保险单据（保险单、保险证书或者其他保险单据），以及将保险条款交给被保险人。

第 252 条　保险费

被保险人应当在海上保险合同约定的期限内给保险人缴纳保险费。海上保险合同在缴纳保险费时生效。

第 253 条　保险受益人

1. 海上保险合同可以由被保险人为自己利益或者也可以为保险受益人订立，而不管海上保险合同中是否载明保险受益人的名或者名称。

2. 订立海上保险合同时没有载明保险受益人的名或者名称

的，保险人给被保险人签发持有人为受益人的保险单或者其他
保险单据。

第 254 条　被保险人和保险受益人的义务

为了保险受益人订立海上保险合同的，被保险人承担保险
合同所有义务。订立海上保险合同经保险受益人委托的，或者
未经保险受益人委托但只要事后保险受益人表示同意保险的，
保险受益人也承担海上保险合同所有义务。

第 255 条　为了保险受益人的海上保险合同的被保险人的
权利

为了保险受益人保险的，被保险人享有未经保险受益人委
托的海上保险合同所有权利。

第 256 条　支付保险赔偿时出示保险单

在支付保险赔偿时，保险人有权要求出示由保险人签发的
保险单或者其他保险单据。

第 257 条　被保险货物转让的后果

1. 被保险货物转让的，海上保险合同的效力不变，这时被
保险人的所有权利和义务转归该货物的受让人。

2. 被保险货物在转让前保险费尚未缴纳的，无论是货物被
保险人还是货物受让人，承担缴纳保险费的义务。缴纳保险费
的要求，与没有载明保险费尚未缴纳的保险单或者其他保险单
据的持有人无关。

第 258 条　被保险船舶转让的后果

1. 被保险船舶转让的，海上保险合同从船舶转让时起终止。
被保险的正在航行船舶根据被保险人要求转让的，海上保险合

同在航程结束前仍然有效，并且被保险人所有权利和义务转归该船舶受让人。

在被保险船舶转给光船租赁合同的承租人使用和占有的情况下，也会发生本款第 1 项规定的结果。

2. 本条规定也适用于船东责任的海上保险合同。

第 259 条　保险金额

1. 订立海上保险合同时，被保险人应当声明其保险相关利益的金额（保险金额）。

2. 订立船舶、货物或者其他财产保险时，保险金额不得高于订立海上保险合同时该财产的实际价值（保险价值）。合同双方不得对海上保险合同确定的财产保险价值争议，如果保险人没有证据证明他受到被保险人故意误导。

3. 在海上保险合同中载明的保险金额超出财产保险价值的，超出保险价值的保险金额那部分海上保险合同自始无效。

4. 声明的保险金额低于财产保险价值的，保险赔偿幅度按照保险金额与保险价值的比例计算。

第 260 条　重复保险

1. 一项保险标的向若干保险人投保，其保险总额超出它的保险价值的（重复保险），所有保险人只在保险价值金额内负责；这时，每个保险人按照比例负责。该比例系指每个保险人订立的海上保险合同所定的保险金额，与有关该标的订立的所有保险合同所定保险金额总和之比。

2. 船东就同一项责任，向若干保险人投保的（重复保险），每个保险人按照他们所订立的海上保险合同责任相等的金额负责。

保险事故出现时，船东责任金额低于所有保险人保险的责任金额的，每个保险人按照其责任金额与所有保险人保险责任总金额的比例负责。

第 261 条　海上保险合同订立前产生的损失或者没有该损失

1. 即使到合同订立时产生应当赔偿损失的可能性已避免或者该损失已经产生的，海上保险合同仍然有效。在订立海上保险合同时，保险人知道或者应当知道保险事故出现的可能性已不存在，或者被保险人或者保险受益人知道或者应当知道产生应当由保险人赔偿的损失的，海上保险合同的履行对于不知道这些情况的一方不是义务。

2. 海上保险合同履行对于保险人不是义务的，保险费仍属于保险人。

第 262 条　总保险单

被保险人在确定期间内接收的或者发运的全部或者已知类型货物，可以按照特殊协议（总保险单）订立保险。

第 263 条　货物的信息

1. 对于总保险单项下的每次发运的货物，被保险人在其收到货物后，应当将必要信息，包括装载货物船舶船名、货物航行线路和保险金额立即告知保险人。即使被保险人在货物完好无损抵达目的港后获得货物发运信息的，也不免除其上述义务。

2. 被保险人对于批次发运货物的必要信息，由于疏忽没有通知或者没有及时通知的，保险人对于上述发运的货物有权拒绝赔偿损失；这时保险人有权获得在上述信息及时全部的通知情况下所能收取的全部保险费。

3. 被保险人有下列故意行为的，保险人有权拒绝总保险单项下的保险：

对于单独批次发运货物的必要信息没有通知或者没有及时通知；

不正确地指明货物的种类或者保险金额。

在上述情况下，保险人有权获得被保险人应当履行海上保险合同时其能收取的全部保险费。

第 264 条　分批发运货物的保险单或者保险证书

1. 根据被保险人的要求，保险人应当签发总保险单项下的分批发运货物的保险单或者保险证书。

2. 分批发运货物的保险单或者保险证书的内容与总保险单内容不一致的，保险单或者保险证书优先。

第 265 条　被保险人或者保险受益人的故意或者重大过失

对于被保险人或者保险受益人或者其代理人故意或者由于重大过失造成的损害，保险人不承担责任。

第 266 条　船舶保险情况下，免除保险人的责任

船舶保险的，保险人除了本法典第 265 条规定情形外，对由于下列情形造成的损害不承担责任：

船舶不适航状况下启运，只要船舶不适航状况并非船舶潜在缺陷所致引起的；

船舶及其属具陈旧，它们的自然磨损；

对于爆炸和自燃的危险物质和物品，被保险人、保险受益人或其代理人知道装载，但是事前未征得保险人同意。

第 267 条　货物保险情况下，免除保险人的责任

在货物或者期待利润保险情况下，保险人除了本法典第 265 条规定情形外，对有证据证明下列造成的损害不承担责任：

托运人或者收货人或者其代理人故意或者重大过失；

由于货物自然性质引起（变质、损耗、锈蚀、霉变、渗漏、破损、自燃或者其他）；

由于包装不当引起。

第 268 条　运费保险情况下，免除保险人的责任

在运费保险情况下，相应适用本法典第 266 条和第 267 条规定。

第 269 条　由于核事故的损害

本法典没有另行规定的，对于由于核爆炸、辐射或者放射性污染引起损害，保险人不承担责任。

第 270 条　由于战争或者其他行为的损害

对于由于战争行为或者海盗行为、民众骚乱、罢工，以及根据有关当局的要求将船舶或者货物没收、征用、扣押或者销毁引起损失，保险人不承担责任。

第 271 条　风险改变的后果

1. 被保险人或者保险受益人，将其刚刚知悉的保险标的或者有关保险标的情况发生任何实质改变（转载、货物运输方法改变、卸载港改变、船舶偏离原定的或者通常的驶往航线、船舶留下越冬或者其他），应当立即通知保险人。

2. 任何增加风险的改变，只要这种改变不是由人命、船舶或者货物救助引起的，或者不是继续安全航行所必要引起的，就可赋予保险人审查海上保险合同条款权利，或者赋予要求补充支付保险费权利。被保险人不同意这些的，海上保险合同从该改变出现时起终止。

3. 被保险人或者保险受益人不履行本条第 1 款规定义务，从保险标的或者有关保险标的情况发生实质改变时起，免除保

险人履行海上保险合同的义务。

被保险人或者保险受益人未证明，上述义务不履行不是其过错造成的，保险费全部仍归保险人所有。

第 272 条　损害的预防或者减轻

1. 保险事故出现的，被保险人在当时情形下应当采取合理和可行措施预防或者减轻损失。被保险人应当立即将出现的保险事故通知保险人，并遵循保险人指示，如果保险人做出该指示。

2. 对于由于被保险人或者保险受益人故意或者重大过失不采取预防或者减轻损害措施所产生的损失，免除保险人的责任。

第 273 条　保险人保障共同海损赔偿费

保险人根据被保险人或者保险受益人的要求，按保险金额为共同海损赔偿费的缴纳提供担保。

第 274 条　编制海损理算书时，保险人利益的保护

在编制有关保险条款承保的共同海损的海损理算书时，被保险人应当保护保险人的利益。

第 275 条　被保险人费用的赔偿

1. 因下列事项，保险人应当赔偿被保险人或保险受益人支出的必要费用：

保险人承担责任的损失的预防或者减少，即使被保险人或者保险受益人采取的预防或者减少损失措施的结果没有取得成效；

依据本法典第 272 条规定，执行保险人的指示；

查明并确定应当由保险人赔偿损失金额；

编制共同海损理算书。

2. 本条第 1 款规定费用，按照保险金额与保险价值的比例赔偿。

第 276 条 保险人超出保险金额的责任

1. 保险人按保险金额承担损失责任，但是本法典第 275 条规定的费用，以及共同海损赔偿费由保险人承担，不管这些费用与应当赔偿的损失在一起是否超出保险金额。

2. 对于连续发生的若干保险事故造成的损失，保险人承担责任，即使这些损失的总额超出保险金额。

第 277 条 船舶失踪

1. 具有本法典第 48 条规定的船舶失踪情形的，保险人按全部保险金额负责。

2. 得到船舶最后消息在船舶海上保险合同期满前，并且保险人也不能证明船舶的灭失发生在上述期限期满后的，根据有期限的船舶海上保险合同，保险人对船舶失踪负责。

第 278 条 委付

1. 投保财产灭失险的，在下列情况下，被保险人或者保险受益人可以向保险人声明放弃自己已被保险的财产权利（委付），而获得全部保险金额：

（1）船舶失踪；

（2）船舶和（或者）货物灭失（实际全损）；

（3）船舶修复或者维修在经济上不合算（推定全损）；

（4）船舶损坏的排除或者运送货物到目的港在经济上不合算；

（5）投保扣留险的船舶或者货物被扣留时间逾 6 个月的。

在上述情形中，下列权利转归保险人：

在财产足额保险情况下，所有被保险财产权利；

在财产不足额保险情况下，按照保险金额与保险价值比例确定被保险财产份额权。

2. 与本条规定相抵触的双方协议无效。

第 279 条　委付声明

1. 从本法典第 277 条和第 278 条规定情形的期限结束起或者出现时起 6 个月内，应当向保险人作出委付声明。

2. 6 个月期满后，被保险人或者保险受益人丧失委付权，但可以依据一般根据要求赔偿损失。

3. 委付声明应当是无条件的，被保险人或者保险受益人也不得撤回。

4. 与本条规定相抵触的双方协议无效。

第 280 条　保险赔偿的返还

获得保险赔偿后，发现船舶没有灭失的，保险人可以要求被保险人或者保险受益人保留财产后返还保险赔偿，但得扣除造成保险人或者保险受益人实际损失。

第 281 条　被保险人或者保险受益人损失赔偿权转归保险人（代位求偿权）

1. 被保险人或者保险受益人向造成损失的负有责任人的要求权，按赔付金额转归支付保险赔偿的保险人。该权利由保险人遵守有关对获得保险赔偿的人所规定的程序行使。

2. 被保险人或者保险受益人对造成损失负有责任的人放弃自己要求权，或者由于被保险人或者保险受益人过错已不可能实现该权利的，则免除保险人全部或者相应部分保险赔付。

第 282 条　将各种文件和证据移交给保险人

具有本法典第 278 条和第 281 条规定情形的，被保险人或者保险受益人应当将所有的文件和证据移交给保险人，并告知保险人为保险人实现移交给他的权利所必需的一切信息资料。

第 283 条　由第三人赔偿损失的后果

由第三人赔偿被保险人或者保险受益人损失的，保险人给被保险人或者保险受益人的赔付，仅为依据海上保险合同条款应当支付金额与被保险人或者保险受益人从第三人处已获得金额的差额。

第十六章　共同海损

第284条　共同海损的概念及其分摊原则

1. 共同海损，是指为了共同安全，保护参加共同海事（注⑩）的财产即船舶、运费和正在由船舶运送的货物免遭共同危险，有意和合理地支付特殊费用或者作出特殊牺牲所受到的损失。

2. 只有本条第1款规定行为的直接后果造成的损失才可认作共同海损。

3. 共同海损在船舶、货物和运费之间，按照与它们在共同海事结束时和结束地相符合的价值分摊。该价值按照本法典第304条规定确定。

4. 共同海事也会发生于，一艘或者数艘船舶拖带或者顶推其他一艘或者数艘船舶的情形，如果这些船舶都参加商业活动而不是参与救助作业。

本章规定规则适用于，采取保护船舶及其货物（如有货物）的措施避免共同危险的情形。

一艘船舶与其他一艘或者数艘船舶脱离可使该艘船舶处于安全状态的，则该艘船舶与其他一艘或者数艘船舶一起没有遭遇共同危险。如果脱离是共同海损行为的，则共同海事继续。

第285条　本章规定的适用

1. 合同双方没有另有约定的，适用本章规定，但是本法典第284条第1款和第305条至第309条规定除外。

2. 由双方预先约定以及在确定海损种类、确定共同海损数额及其分摊时应当适用的法律不明确的，适用有关共同海损的《约克—安特卫普规则》和其他商业航海国际惯例。

3. 引起特殊费用或者特殊牺牲的危险是由于海上货物运输合同任何一方或者第三人的过错产生的，按照共同海损分摊程序的损失赔偿的权利保留。但是，这种分摊并不剥夺共同海损参与者要求造成损失的责任人赔偿的权利。

第286条　船舶驶入避难地引起的共同海损

1. 由于意外事故或者其他特殊情况，为了共同安全，船舶必须驶入避难港或者其他避难地或者船舶必须驶回货物装载港或者其他装载地的，船舶这种驶入或者驶回的费用认作共同海损。

2. 船舶驶入避难地或者驶回货物装载地的费用认作共同海损的，船舶载有原载货物或者其部分货物从该地驶离的相关费用也认作共同海损。

3. 具有本条第1款规定情形，由于船舶驶入避难地或者驶回货物装载地导致航程延长所产生的船员工资和给养费、燃料费和物料费也认作共同海损。

4. 本条第1款至第3款规定相应适用于，船舶由进入无法修理船舶的避难地移到其他港口或者其他地的费用，其中包括船舶临时修理、船舶拖带和航程延长的费用。

第287条　货物、燃料或者物料在船舶上移位、卸载或者回程装载的费用

1. 为了共同安全以便获取可能排除意外事故或者其他特殊情形引起的船舶故障，因而所支付的货物、燃料或者物料在船舶上搬移费用，或者这些物品在货物装载地、船舶停靠地或者

避难地卸载费用，则认作共同海损，如果排除船舶故障对于继续安全航行有必要。

具有下列情形的，货物、燃料或者物料在船舶上移位或者将它们卸载的费用不认为是共同海损：

只是为了在航程途中移动货物、燃料或者物料所引起的将它们重新积载所支付的费用，并且该重新积载不是为了共同安全；

在货物装载地显露出的船舶修理必要性由船舶被损引起的，而该损害与无论何种意外事故或者在该航行时所发生的其他特殊情形无关。

2. 在本条第 1 款第 1 项规定情况下实施货物、燃料或者物料的卸载或者搬移的，这些物品的回程装载或者积载费用，连同保管费其中包括保险费，也认作共同海损。

本法典第 289 条规定适用于，由该货物、燃料或者物料回程装载或者积载引起船舶滞留所产生的费用。

第 288 条　船舶临时修理

为了共同安全或者为了排除由于共同海损牺牲所造成的故障，船舶在货物装载地、船舶停靠地或者船舶避难地临时修理费用列为共同海损。完成航程必要的临时排除意外故障的费用，仅按假设故障不被排除本应列为共同海损的防止费用额度赔偿。

第 289 条　为了共同安全，船舶滞留引起的费用

1. 由于意外事故、特殊牺牲或者其他特殊情况，为了共同安全或者为了排除该意外事故、特殊牺牲或者其他特殊情形引起的故障以确保继续安全航行，船舶滞留任何港口或者地方所引起的船员工资和给养费认作共同海损。在该滞留时间产生的燃料费、物料费和港务费，按照共同海损分摊程序赔偿，但是

没有被列为共同海损的故障排除费用除外。

2. 本条第 1 款规定不适用于，与任何意外事故或者其他任何在航行时发生的特殊情况无关的故障排除所造成船舶滞留引起的费用。该费用不认作共同海损，即使排除故障对于继续安全航行是必要的。

第 290 条　认定船舶不适航或者放弃船舶继续航程的后果

认定船舶不适航或者放弃船舶继续航程的，在本法典第 287 条第 2 款和第 289 条第 1 款规定的保管费、保险费、船员工资和给养费、燃料费、物料费和港务费中，认作共同海损只计算至认定船舶不适航时刻前或者在放弃船舶继续航程时刻前引起的费用，或者在上述时刻前货物卸载尚未结束情形下，只计算至货物卸载结束时刻前引起的费用。

第 291 条　救助费用引起的共同海损

1. 参与共同海事的各方所支付的救助费用，如果救助是为了本法典第 284 条第 1 款中规定目的，则认作共同海损，不论其以合同为根据实施还是用其他方式实施。

2. 本条第 1 款规定的费用包括救助报酬。在确定该报酬时，注意本法典第 342 条第 1 款第 2 项规定的救助者在预防和减少环境损害方面的技能和努力。

但是船东按照本法典第 343 条第 4 款规定支付给救助人的专门补偿不得认作共同海损。

第 292 条　采用救助措施引起的共同海损

包括下列损失，认作具有本法典第 284 条规定特征的共同海损：

向船外抛弃货物造成的损失，以及为了共同安全作出的特殊牺牲，其中包括开启舱口抛弃货物或者其他凿洞抛弃货物以致船舱进水，造成船舶或者货物的损失；

扑灭船上火灾造成船舶或者货物损失，其中包括为此将着火船舶搁浅或者凿沉造成的损失；

船舶故意搁浅造成船舶或者货物损失，不论船舶自身能否冲上浅滩；

船舶脱浅时，船舶发动机、其他机器或者锅炉损坏造成船舶损失；

将货物、燃料或者物料从船舶上转载到驳船上以减轻搁浅船舶负载的特殊费用，租用驳船和将它们重装船舶上的特殊费用，以及由此产生的其他损失。

第 293 条　防止或者减少环境损害措施引起的费用

防止或者减少环境损害措施引起的费用列为共同海损，如果该费用发生于下列情形之一或者发生于下列所有各种情形：

为了共同安全而实施作业一部分，该作业部分假如由共同海事之外的另一方所实施，则赋予该方有请求救助报酬权利；

具有本法典第 286 条规定情形下，船舶驶入港口或者从港口或者地点驶离的；

具有本法典第 286 条规定情形下，船舶在港口或者地点滞留的。但在实际发生污染物质从船舶泄漏或者排放情况下，因此采取了防止或者减少环境损害的必要补救措施所引起费用，不认为是共同海损；

与货物的卸载、入仓或者回程装载有关费用，如果上述作业费用认作共同海损。

第 294 条　货物、燃料或者物料损害或者灭失的损失

由于货物、燃料或者物料在船舶上搬移、从船舶上卸载、

回程装载上船和积载，以及由于保管这些物品，造成它们损害或者灭失的损失，只有当实施上述作业费用列为共同海损情况下才认作共同海损。

第 295 条　运费损失

货物灭失按照共同海损分摊程序获赔的，货物灭失引起的运费损失认作共同海损。此时，在运费中应扣除为了赚取该运费本应由船东支付的由于特殊牺牲而无需支付的费用。

第 296 条　代替费用

代替已被列入共同海损费用所支付的任何额外费用认作共同海损（代替费用）。代替费用仅按防止费用的数额赔偿，而不考虑该费用代替的结果使任何共同海损参加者所得到的节省。

第 297 条　不是共同海损引起的损失（单独海损）

1. 不具有本法典第 284 条第 1 款规定的共同海损特征的损失，以及本条第 2 款中规定的损失认作单独海损。该损失不应当在船舶、货物和运费之间分摊，而是谁受到损失谁承担，或者谁对造成该损失负有责任谁承担。

2. 即使存在本法典第 284 条第 1 款中指出的特征，也不认作共同海损：

（1）将违反商业航海规则和习惯装载在船的货物抛弃船外，被抛弃货物价值；

（2）扑灭船上火灾，由于烟熏或者热烤造成损失；

（3）对由于海上危险引起的原已折断或实际上已经毁损的船舶残留部分的切除所造成的损失；

（4）船舶已在浮动状态下发动机强制运行，或者发动机、其他机器或者锅炉用其他方式运行所造成的损坏；

（5）由于航程延长，船舶或者货物遭受到的任何亏损或损失（滞期费、价格变更和其他）。

第 298 条　船舶及其机器或者属具损坏的损失金额

1. 编制船舶及其机器或者属具损坏的共同海损数额，根据维修、修复价值，或者根据被损坏的或者已被丧失作用的物品替代物价值确定，这时"以新换旧"折扣依据本法典第 299 条规定实施。

2. 船舶尚未维修的，船舶损坏的损失数额按损坏的船舶贬值金额确定，但该金额不得超出估计的船舶维修价值。

第 299 条　"以新换旧"折扣

1. 船舶维修时船龄未超 15 年的，用新材料或者新部件代替船舶旧材料或者旧部件，否则，在依据本法典第 298 条列为共同海损时，维修费用扣减 1/3，但是本条第 2 款至第 4 款规定情形除外。

2. 本法典第 298 条规定列为共同海损的船舶临时维修费用，以及给养费、物料费、锚和锚链价值不作"以新换旧"折扣。

3. 船舶维修引起必要的干船坞费、船台费和船舶移泊费全额列为共同海损。

4. 上次船体油漆和涂层发生在共同海损行为前 12 个月内的，船舶在维修时，对船体清洗费、油漆和涂层费用按 50% 比例认作共同海损。

5. 为了应用"以新换旧"折扣，船龄按照自船舶建造竣工之年的 12 月 31 日起到共同海损行为之日止计算。对于绝缘材料、救生艇和其他艇、通讯器材、导航仪器和设备、船舶机器和锅炉按照它们实际年数计算。

第 300 条　船舶灭失的损失金额

船舶全损或者即使没有全损但是其修理费超出修理后船舶价值（推定全损）的，认作共同海损的损失金额，编制为按照船舶在未损坏状态下估计价值扣除其不作为共同海损的排除故障估计费用后，与假设船舶残骸出售能够净赚总额之间的余额。

第 301 条　货物灭失或者损坏的损失金额

1. 列入共同海损的货物灭失或者损坏的损失，依据货物卸载时货物价值确定，该价值以送交给收货人的商业发票为根据；没有该发票的，以货物起运时货物价值为根据确定。

货物卸载时价值包括保险费和运费，只要货主承担运费风险。

2. 被损坏的货物出售的，列为共同海损损失金额，编制为按照货物未损坏状态下依据本条第 1 款确定价值与出售货物净赚之间的余额。

3. 对事先未征得船东或者其代理人同意装载在船舶上的物品损坏或者灭失的损失，以及对故意提供虚假品名交付运输的货物损坏或者灭失的损失不认作共同海损。该财产获救的，其货主以一般根据参与共同海损赔偿费用分摊。

交付货物运输时，货物声明价值低于其实际价值的，其货主以货物实际价值参与共同海损赔偿费用分摊，但是仅依据货物声明价值获得损失赔偿。

第 302 条　按照共同海损分摊程序的赔偿款项的提供

1. 除了船员工资和给养以及不是在航程中补充的燃料、物料之外，在按照共同海损分摊程序赔偿金额上加算 2% 的手续费，列入共同海损。

2. 为了获得共同海损费用必要的所需资金，通过船舶抵押、出售货物或者信贷保险所引起的费用认作共同海损。

第303条　按照共同海损分摊程序赔偿损失的利息

在按照共同海损分摊程序赔偿（损失）费用和其他款项上加算7%年利息，计算到编制成共同海损理算书后3个月之日止。这时，对由参与共同海损抵补各方费用承担所已支付的，或者对供共同海损赔偿的存款承担所已支付的款项，应适当予以考虑。

第304条　财产的赔偿价值（注⑪）

1. 与财产（船舶、货物和运费）总价值成比例来规定按共同海损分摊程序赔偿损失的分摊补偿额，而该财产总价值依据本条规定在船舶航程结束后以该财产实际净值为根据确定（财产赔偿价值）。在该价值上加上因财产牺牲可按共同海损分摊程序的获赔金额，只要该金额没有包括在该价值中。

在确定财产赔偿价值时，扣除所有有关该财产在共同海损行为后已支付的额外费用，但是认作共同海损的费用，或者以本法典第343条规定的专门补偿的支付决定为根据由船舶负担的费用除外。

2. 货物赔偿价值，根据货物卸载时价值确定。对该价值以提供给收货人的商业发票为基础确定；没有商业发票的，以货物起运时货物价值为根据确定。货物价值包括保险费和运费，只要货主承担运费风险。

卸载前或者卸载时，货物灭失或者损害的所有损失金额从货物价值中扣除。

在指定地点附近出售货物的赔偿价值，依据出售货物净得金额，再加上按照共同海损分摊程序的获赔金额来确定。

3. 船舶赔偿价值确定，并不考虑共同海损行为发生时船舶租用是光船租船还是定期租船的情况。

4. 确定财产赔偿价值时，从船东承担风险的货客运费中，应扣除为赚得该项货客运费而支付的，且不属于共同海损的费用（其中包括船员工资），假设船舶和货物在共同海损发生情况下灭失无须支付这些费用。

5. 不以提单为根据运送的旅客行李，其中包括旅客携带的车辆和其他私人物品，在确定财产赔偿价值以及按共同海损分摊程序赔偿损失确定分摊补偿额时不予考虑。

第 305 条　海损理算书和海损理算师

根据利害关系人的申请，调查共同海损的存在和计算共同海损分摊（海损理算书），由具有海洋法方面的知识和经验的人员（海损理算师）实施。

第 306 条　编制海损理算书所根据的证据和材料

1. 需要共同海损分摊一方，应当证明申请的损失实际已被认作共同海损。

2. 编制海损理算书可能被涉及利益的人，自共同海事终止之日起 12 个月内，就其要求赔偿的牺牲或者费用向海损理算师递交书面申请。

该申请没有提交的，或者询问是否申请后 12 个月内被询问人没有提出论证申请所要求的证据或者有关财产价值资料的，海损理算人有权以他们现有的资料为根据编制理算书。这时，以海损理算书有明显错误为根据才可以对其提出异议。

3. 编制海损理算时，遇有需要有专门知识解决的问题的（有关航海学、船舶建造学、船舶修理、船舶和货物估价及其他方面），海损理算师有权委托其所指定的鉴定人制作相应的鉴定结论。该鉴定结论由海损理算师结合其他证据一起评价。

4. 编制海损理算书所根据的各种资料应当公开以供查阅。海损理算师依据利害关系人的要求，应当给他们提供已被证明无误的各种资料副本，其费用由要求人承担。

第 307 条　征收海损理算编制费

对编制海损理算书征收费用，将其列入海损理算书中。该费用在所有利害关系人之间按照他们参与共同海损的份额比例分摊。

第 308 条　对海损理算书的更正和异议

1. 在海损理算书登记簿登记后，对发现海损理算书中的计算错误，理算师自己主动或者根据参与共同海损分摊人员的申请，采用对海损理算书编制补充（附件）予以改正，作为海损理算书的组成部分。

2. 共同海损分摊人员，自接到海损理算书或其附件之日起 6 个月内，可以在法院对海损理算书提起异议，并应当通过给海损理算师送达起诉状副本将此事通知他。

3. 海损理算师有权，或者如有需要，应当参加法院的海损理算异议案审查，并就案件重要问题作出解释。

4. 审理海损理算异议案的法院，可以维持海损理算书效力，将变更列入海损理算书或者废止它并委托海损理算师依据法院判决编制新海损理算书。

第 309 条　海损理算书的执行

对海损理算书在本法典第 308 条第 2 款规定的期限内没有提出异议，或者已提出异议但是被法院维持效力的，按照俄罗斯联邦法律规定的程序，根据该海损理算书索赔。

第十七章　船舶碰撞损害赔偿

第310条　本章规定的适用范围

1. 海船与海船以及海船与内河航行船舶碰撞时，造成这些船舶、船上人员以及货物或者其他财产的损失依据本章规定赔偿。

上述规定也适用于，执行或不执行某项操纵，或者不遵守航行规则，以致一船造成他船或者船上人员以及货物或者其他财产损失的情形，此时即使没有发生船舶碰撞也如此。

2. 本章规定也适用于，俄罗斯联邦所有的、俄罗斯联邦各主体所有的，或者由他们经营的并在碰撞时仅供政府用于非商业服务的船舶，但是军舰、军用辅助船舶和边防舰艇除外。

第311条　除外责任的情形

1. 船舶碰撞的发生是出于意外，或者出于不可抗力，或者无法查明船舶碰撞原因的，损害由遭受人自行承担。

2. 本条第1款规定也适用于，数船或者它们其中一船在碰撞时在泊位上或者用其他方式系泊的情形。

第312条　船舶碰撞时其中一船的过失

船舶碰撞是由于其中一船的过失发生的，损害由碰撞过失一方承担。

第313条　船舶碰撞时二艘或者二艘以上船舶的过失

1. 船舶碰撞是由于二艘或者二艘以上船舶的过失发生的，

每艘船舶的赔偿责任按照它们的过失程度确定。依据碰撞情况不可能查明每艘船舶的过失程度的，损害责任在它们中平均分担。

2. 船舶碰撞时有过失船舶的各船东，对第三人人身伤亡造成的损失负连带承担，其中已支付金额超出本条第 1 款其应支付金额的船东，有权向其他船东求偿。

碰撞时有过失的船舶船东，对造成第三人的财产损害，依据本条第 1 款承担责任。

第 314 条　船舶碰撞时的引航员过失

本法典第 312 条和第 313 条规定的责任也适用于，船舶碰撞是由于引航员过失发生的情形，即使强制引航员引航也如此。

第 315 条　船舶无过失推定

任何一艘参与船舶碰撞的船舶都不得被假设有过失，如果未经另有证据证明。

第十八章 船舶油污损害责任

第 316 条 船舶所有人的责任根据

1. 从事件发生时起，或者，如果事件由相同缘由系列事故组成，从第一起事故发生时起，船舶所有人应对该船舶因此事件所造成任何污染损害承担责任，但是本法典第 317 条和第 318 条规定的情形除外。

2. 在本条和本章随后条款中：

（1）船舶是指预先规定用于或者正在用于灌注运输作为货物的油类的任何船舶，但是一艘能够运输油类的船舶，只要它实际上灌注运输了作为货物的油类时，以及在进行该运输后的任何航程期限内，如果未经证明在其船上缺乏该运输油类残余物者时，才被视为一艘船舶；

（2）受害人是指公民、法人、国家或其任何组成部分；

（3）船舶所有人是指作为船舶所有人登记的人。船舶属于国家所有并由作为船东登记的有关单位经营的，船舶所有人为该单位；

（4）油类是指任何结构稳定的碳氢化合矿物油，其中包括原油、燃油、重柴油和各种润滑油，不论是在船上作为货物运输还是在此种船舶的燃料舱中；

（5）污染损害是指：

由于从船舶上泄漏或者排放油类所发生的船体外污染损害，不论该泄漏或者排放发生在何处。但是，对环境损害赔偿，除该损害所致盈利损失外，应限于实际采取或者应当要采取的合理恢复措施费用；

预防措施的费用和采取该些措施所造成进一步的损害；

（6）预防措施是指在事件发生后任何人员采取的有关防止或者减少污染损害的任何合理措施。

（7）事件是指造成污染损害的或者直接产生严重污染损害危险的任何事故或者相同缘由所组成的系列事故。

第 317 条　免除船舶所有人的责任

船舶所有人如能证明损害系属于以下情况，即对此不承担责任：

损害是由于战争行为或者敌对行为、民众骚乱，或者由于自身性质产生的特殊的、不可避免和不可抗拒的自然现象；

损害完全是第三人故意的作为行为或不作为行为造成污染损害；

损害完全是由于负责灯塔和其他导航设备保持完好的公共事务当局，在其行使该职责时，疏忽大意或者其他不法行为造成的。

第 318 条　受害人的故意或者重大疏忽

船舶所有人有证据证明，污染损害完全是或者部分是受害人故意或者重大疏忽造成的，船舶所有人对该受害人可以全部或者部分免除责任。

第 319 条　二艘或者二艘以上船舶所有人的连带责任

1. 在二艘或者二艘以上船舶参与事件造成污染损害情形下，参与事件的全体船舶所有人，如果这些所有人以本法典第 317 条和第 318 条为根据不能免责，则对于在他们之间不能合理区分的所有污染损害承担连带责任。

2. 参与事件的各船舶所有人，依据本法典第 320 条有权适用于他们中每个人的责任限制。

3. 本条规定不损及其中一个船舶所有人对其他船舶所有人的求偿权。

第 320 条　船舶所有人的责任限制

船舶所有人有权限制自己的责任，对于一起事件按照下列方式计算总额：

吨位在 5 000 吨以下船舶，为 3 000 000 个计算单位；

吨位在 5 000 吨以上船舶，在本条上款规定总额上，每超一吨位增加 420 个计算单位，但是无论何种情形总额都不得超过 59 700 000 个计算单位。

第 321 条　责任限制权的丧失

经证明，污染损害是由于船舶所有人自身故意实施或者由于重大过失实施的作为行为或者不作为行为所致的，则船舶所有人丧失本法典第 320 条规定的责任限制权利。

第 322 条　责任限制基金

1. 为了依据本法典第 320 条限制自己的污染损害赔偿责任，船舶所有人应当设立相当于其责任限额总数的基金。该基金设立在向其提起污染损害赔偿诉讼的法院或者仲裁庭，或者，如果该诉讼没有提起，在可以提起诉讼的法院或者仲裁庭。该基金可以采用向法院或者仲裁庭存入该项金额，或者采用提供依据俄罗斯联邦法律可以接受的并由法院或者仲裁庭认为足额的银行担保或其他财务担保。

2. 限于船舶所有人为防止或者减少污染损害引起的合理费用和自愿作出的合理牺牲，对于责任限制基金，赋予他具有其他债权人所享有的权利。

3. 保险人或者提供其他财务担保的人，有权依据本条设立责任限制基金，其条件和效力与船舶所有人设立的基金相同。即使船舶所有人依据本法典第 321 条不能限制自己责任，该项基金仍可设立。在这种情况下，该基金设立不损及受害人对船舶所有人的权利。

4. 本法典第 364 条规定的责任限制基金分配规则，扩及依据本条第 1 款设立的责任限制基金。

5. 船舶所有人在事件发生后依据本条设立责任限制基金，并有权限制责任的：

由于该事件造成污染损害的要求赔偿的任何人，无权用船舶所有人的其他任何财产负担来满足该赔偿要求；

法院或者仲裁庭下令，释放基于该事件产生的污染损害赔偿要求所扣押的属于船舶所有人船舶或者其他财产，解除为防止该扣押所提供的任何抵押或者其他担保。

本款规定适用于，污染损害赔偿要求人在管理该责任限制基金的法院或者仲裁庭享有保护权，并且该基金确能用于满足其要求的情形。

第 323 条　责任的保险和其他财务担保

1. 灌注运输 2 000 吨位以上的作为货物的油类的船舶所有人，应当进行责任保险或者提供其他财务责任担保（银行或者其他信贷机构担保），其总额与本法典第 320 条规定的污染损害赔偿责任限额等值，以便抵补自己以本章规定为根据的污染损害责任。

2. 依据本条第 1 款由责任保险或者其他财务责任担保所提供的任何款项，应当专门用于满足以本章规定为根据所提出的要求。

第 324 条　油类污染损害民事责任的保险和其他财务担保的证书

1. 油类污染损害民事责任的保险或者其他财务担保的证书（下称证书），证明责任保险或者其他财务责任担保存在并符合本章规定有效。该证书由船舶登记机关颁发给每艘船舶，如果本法典第 323 条第 1 款规定的要求得到履行。

证书应当包括下列各项：

船舶名称和其登记港口（地点）；

船舶所有人名称和主要营运地；

责任财务担保类别；

保险人和其他提供财务责任担保人名称或者主要营运地，以及在各种有关情况下，实施责任保险地或者提供责任其他财务担保地；

证书有效期限，该期限不得超过责任保险或者其他财务责任担保的有效期限。

2. 证书用俄文制作并应当包括英文译本或者法文译本。

3. 证书应当放置在船舶上，并将其一份副本交给船舶登记机关保存。

4. 一项责任保险或其他财务保证，如果不是由于本条第 1 款证书上规定的该保险或保证的有效期届满的原因，而在向船舶登记机关送交终止通知书之日起未满 3 个月即予终止，则属于不符合本条的要求，但是该机关废止证书或者在规定期限内颁发新证书的情形除外。

本款第 1 项规定也适用于，责任保险和其他财务责任担保不再符合本条规定要求的任何变更。

5. 本条规定证书的颁发和审查的条件、程序，由联邦交通行政管理机关批准的规则确定。

6. 国家所有的并对其无须实施责任保险或者提供其他财务担保的船舶，应当要有相应船舶登记机关颁发的证书。该证书证明船舶为国家所有和证明污染损害国家责任依据本法典第 320 条规定责任限额确定。上述证书应当尽可能与本条第 1 款规定的证书相符合。

7. 适用本章规定船舶不具有本条第 1 款或者第 6 款颁发的证书的，该船舶不得从事营运活动。

第 325 条　污染损害赔偿的民事诉讼

1. 污染损害赔偿诉讼只有依据本章规定才能向船舶所有人提起。

2. 遵循本条第 3 款规定情况下，污染损害赔偿诉讼以本章规定为根据或者以其他为根据，不得向下列人员提起：

（1）工作人员，其中包括船员或者船舶所有人的代理人；

（2）引航员或者为船舶提供服务的非属船员的任何其他人；

（3）任何船舶承租人，其中包括光船租赁合同承租人和委托管理人；

（4）经船舶所有人同意或者按照公共事务当局的指令实施救助作业的任何人；

（5）采取了预防措施的任何人；

（6）本款第 3 项、第 4 项和第 5 项规定人员的工作人员或者代理人，如果污染损害不是这些人员自身故意实施或者重大过失实施的作为行为和不作为行为的结果。

3. 本章规定不损及船舶所有人对第三人的求偿权。

4. 污染损害赔偿诉讼可以直接向承担船舶所有人污染损害责任的保险人或者提供其他财务责任担保的人提起。在这种情况下，即使船舶所有人无权依据本法典第 321 条限制责任，被告人也可以利用本法典第 320 条规定的责任限额。被告人可以进一步提出船舶所有人自身能够援引的答辩，但是援引该单位破产或者清算除外。除此之外，被告人可以提出答辩，说明污染损害是由船舶所有人自己故意造成的，而被告人不得使用船舶所有人对其提起的诉讼案中其有权援引的其他各种答辩资料。在任何情况下，被告人有权要求船舶所有人作为共同被告人参加诉讼。

第十九章　海上运输有害有毒物质损害责任

第326条　本章规定的适用范围

1. 本章规定适用于海上运输有害有毒物质造成的损害赔偿要求，但是由海上货物运输合同和海上旅客运输合同所产生的要求除外。

2. 本章规定不适用于：

（1）本法典第316条第2款第5项规定的污染损害，不论按照本法典第18章规定对该损害赔偿是否支付；

（2）由经修正的1965年《国际海运危险货物规则》中，或者经修正的1965年《固体散装货物安全操作规则》附录B中规定的第七类放射性物质造成的损害；

（3）吨位不超过200吨且只要采用包装形式运输有害有毒物质的船舶，如果在俄罗斯联邦港口（设施）之间航线上从事运输。

第327条　船舶所有人责任的根据

1. 从事件发生时起，或者，如果事件由相同缘由系列事故组成，从第一起事故发生时起，船舶所有人在船舶海上运输有害有毒物质时，对该物质所造成的损害承担责任，但是本法典第328条和第329条规定的情形除外。

2. 在本条和本章随后条款中规定：

（1）受害人是指公民、法人、国家或者其任何组成部分；

（2）船舶所有人是指已被作为船舶所有人登记的人。船舶属于国家并由已被作为船东登记的单位经营的，该单位为船舶所有人。

（3）有害有毒物质是指下列作为货物装载在船舶上运输的物质、材料和制品：

灌注运输油类，其种类由经 1978 年议定书修订的《1973 年国际防止船舶污染公约》附件 I 附录 I 中列举；

附件 II 附录 II 中含有的灌注运输的有毒液体物质，以及依据上述附件 II 第 3（4）规则有条件列为 A、B、C 和 D 污染物种类的物质和混合物；

经修正的 1983 年《国际散装运输危险化学品船舶构造和设备规则》第 17 章所列举的灌注运输的危险液体物质，以及依据上述规则第 1.1.3 款规定有运输初步条件的危险物质；

经修正的 1965 年《国际海运危险货物规则》规定的处于包装状态的有害有毒物质、材料和制品；

经修正的 1983 年《国际散装运输液化气体船舶构造和设备规则》第 19 章列举的液化气，对于该物质依据上述规则 1.1.6 款规定有初步运输条件；

闪燃点不超过 60℃（由封闭杯试验测量）的灌注运输液体物质；

经修正的 1965 年《散装货物运输安全操作规则》附录 B 含有的具有危险化学性质的固体材料。该类材料也应遵守经修正的 1965 年《国际海运危险货物规则》规定，如果它们处于包装形式下运输。

本项第 2、3、4、6、7 和 8 段规定的上述灌注运输或者散装运输的物质残渣。

（4）下列事项为损害；

由有害有毒物质造成的、在运输这些物质的船舶上或船舶外的人身伤亡；

由有害有毒物质造成的、在运输这些物质的船舶外的财产灭失或者损害；

有害有毒物质造成环境污染损害，对环境损害赔偿，除该损害所致盈利损失外，限于实际采取或者应当要采取的合理恢复措施费用；

预防措施费用和该措施所致进一步损害；

在本项中所称"由有害有毒物质造成"是指由该物质有害有毒性质造成。将有害有毒物质造成的损害与由于其他情形造成的损害不可能合理区分的，所有这种损害视为有害有毒物质造成，即使由于其他情形造成的损害不属于本法典第 326 条第 2 款第 1 项和第 2 项规定的损害。

（5）预防措施是指任何人在事件发生后采取的防止或者减少损害的任何合理措施。

（6）事件是指造成损害的或者直接产生严重损害危险的任何一起事故或者相同缘由所组成的系列事故。

（7）有害有毒物质的海上运输，系指从装载时有害有毒物质装进船舶设备的任何一个部分起，到卸载时该类物质已不再处于船舶设备的任何一个部分止的期间。不使用船舶设备的，则该期间分别起止于有害有毒物质越过船舷之时。

第 328 条　免除船舶所有人的责任

船舶所有人对有害有毒物质造成的损害不负责任，如果有证据证明：

由于战争行为或者敌对行为、民众骚乱，或者由于自身属性引起的特殊的不可避免和不可克服的自然现象所造成的损害；

完全是第三人故意的作为行为或者不作为行为造成的损害；

对航行灯和其他导航设备保持良好状态负有责任的公共事

务当局，在其行使上述职责时，完全由于其疏忽大意或者其他不法行为造成的损害；

托运人或者任何其他人没有提供已装船物质有害有毒特性的信息，是造成损害全部或者部分原因，或者致使船舶所有人没有获得依据本法典第 334 条的保险。无论船舶所有人还是其工作人员或者代理人，在合理情况下都不知道也不可能知道已装载物质有害有毒的特性的，可以免除船舶所有人以本款规定为根据的损害责任。

第 329 条　受害人的故意或者重大过失

船舶所有人证明，受害人故意或者重大过失是造成损害的全部或者部分原因的，船舶所有人对于该受害人可以全部或者部分免除责任。

第 330 条　二艘或者二艘以上船舶所有人的连带责任

1. 鉴于二艘或者二艘以上都装运有害有毒物质的船舶参与事件所造成损害，且他们又不能免除本法典第 328 条和第 329 条为根据的责任的，则每艘船舶的所有人承担损害责任。对于在他们之间不能合理区分责任的损害，各船舶所有人承担连带责任。

2. 参与事件的二艘或者二艘以上船舶的所有人，有权享有本法典第 331 条规定的适用于每个所有人的责任限制。

3. 本条规定并不损及其中一个船舶所有人对其他任何一个船舶所有人的求偿权。

第 331 条　船舶所有人的责任限制

船舶所有人有权限制自己的责任，对于一起事件用下列方式计算总额：

对于船舶吨位在 2 000 吨以下的，限额为 10 000 000 个计算单位；

对于船舶吨位在 2 000 吨以上的，在本条上项规定金额上，按下列每吨位增加限额：

吨位在 2 001 吨到 50 000 吨的，每吨增加 1 500 个计算单位；

50 000 吨以上的，每吨增加 360 个计算单位；

无论在何种情形下，限额不超过 100 000 000 个计算单位。

第 332 条　责任限制权的丧失

经证明，损害是船舶所有人自身故意实施的或者由于重大过失实施的作为行为或者不作为行为所致的，其失去了本法典第 331 条规定的责任限制权利。

第 333 条　责任限制基金

1. 为了依据本法典第 331 条限制自己的责任，船舶所有人应当设立相当于其责任限额总数的基金。该基金设立在向其提起损害赔偿诉讼的法院或者仲裁庭，或者，如果该诉讼没有被提起，设立在可以提起诉讼的法院或者仲裁庭。该基金可以采用向法院或者仲裁庭存入该项金额，或者采用提供依据俄罗斯联邦法律可予接受的并由法院或者仲裁庭认为足额的银行担保或者其他财务担保。

2. 限于船舶所有人自愿采取的旨在防止和减少损害的合理费用和合理牺牲，对于责任限制基金，赋予他具有其他债权人所享有的权利。

3. 保险人或者提供其他财务担保的人，有权依据本条设立责任限制基金，其条件和效力与船舶所有人设立的基金相同。即使船舶所有人依据本法典第 332 条不能限制自己的责任，该项基金仍可设立。在这种情况下，该基金设立不损及受害人对船舶所有人的权利。

4. 本法典第 364 条的责任限制基金分配规则，扩及依据本条第 1 款设立的责任限制基金。

造成任何人人身伤亡损害赔偿要求，对于其他要求应当优先满足，其程度为该要求赔偿累计金额不得超过本法典第 331 条规定的总额。

5. 船舶所有人在事件发生后依据本条设立责任限制基金并有权限制责任的：

由于该事件受到损害的要求赔偿的任何人，无权用船舶所有人的任何其他财产负担来满足该要求；

法院或者仲裁庭下令，释放基于该事件产生的损害赔偿要求所扣押的属于船舶所有人的船舶或者其他财产，退还为防止该扣押所提供的任何抵押金或者其他担保。

本款规定适用于，要求损害赔偿的人在管理责任限制基金的法院或者仲裁庭享有的保护权，并且该基金实际用于满足其要求的情形。

第 334 条　责任的保险或者其他财务担保

1. 实际运输有害有毒物质的船舶所有人，为了担保自己以本章规定为根据的损害责任，应当进行责任保险或者提供其他财务责任担保（银行或者其他信贷机构担保），其金额相当于其依据本法典第 331 条规定的责任限额数额。

2. 依据本条第 1 款由责任保险或者其他财务责任担保所提供的任何保证金额，应当专门用于满足以本章规定为根据提出的要求。

第335条 有害有毒物质造成损害的责任保险证书或者 其他财务责任担保证书

1. 证明责任保险或者其他财务责任担保存在，以及符合本章规定有效的有害有毒物质造成损害的责任保险证书或者其他财务责任担保证书（下称证书），由其登记机关颁发给每一艘船舶，如果本法典第334条第1款规定的要求得以满足。

证书应包括下列资料：

船舶名称、其呼叫号和登记港口（地点）；

船舶所有人名称和主要营运地；

由国际海事组织授予的船舶识别码；

财务责任担保种类和有效期限；

保险人和其他提供财务责任担保人名称或者主要营运地，以及在各种有关情况下，实施责任保险地或者提供责任其他财务担保地；

证书有效期限，该证书不得超过责任保险或者其他财务责任担保有效期限。

2. 证书用俄文制作，并应当包含英文、法文或者西班牙文译本。

3. 证书应当存置于船舶上，而其一份副本交船舶登记机关保存。

4. 一项责任保险或者其他财务担保，如果不是由于本条第1款证书上规定的该保险或者保证的有效期届满的原因，而是在向船舶登记机关送交终止通知书之日起未满3个月即予终止，则属于不符合本条要求，但是该机关废止证书或者在规定期限内颁发新证书的情形除外。

本款第1项规定也适用于，致使责任保险或者其他财政责任担保不再符合本条规定要求的任何变更。

5. 在本条中规定证书的颁发和审查的条件、程序，由联邦运输行政管理机关批准的规则确定。

6. 国家所有的和对其无须责任保险或者提供其他财务责任担保的船舶，应当要有相应船舶登记机关颁发的证书。该证书证明船舶为国家所有并证明海上运输有害有毒物质所致损害的国家责任在本法典第 331 条确定限额保证。上述证书应当尽可能地与本条第 1 款的规定证书相符合。

7. 适用本章规定船舶不具有本条第 1 款或者第 6 款颁发的证书的，该船舶不得从事营运活动。

第 336 条　损害赔偿民事诉讼

1. 损害赔偿诉讼只有依据本章规定才可以向船舶所有人提起。

2. 遵循本条第 3 款规定的情况下，以本章规定为根据的或者以其他规定为根据的损害赔偿诉讼不得向下列人员提起：

（1）工作人员，其中包括船员，或者船舶所有人的代理人；

（2）引航员或者其他不属于船员但在船上履行职务的工作人员；

（3）任何船舶租船人，其中包括光船租赁合同的承租人和受托管理人员；

（4）经船舶所有人同意或者根据公共事务当局指令实施救助作业的任何人；

（5）采用预防措施的任何人；

（6）在本款第 3、第 4 和第 5 项中规定人员的工作人员或者代理人，如果损害不是其自身故意实施的或者重大过失实施的作为行为或者不作为行为所致。

3. 本章规定不损及船舶所有人对造成损害的任何第三人（其中包括对有害有毒物质托运人或者收货人）或者对本条第 2

款规定人员的求偿权。

4. 污染损害赔偿诉讼可以直接向船舶所有人污染损害的责任的保险人或者提供其他财务责任担保的人提起。在这种情况下，即使船舶所有人依据本法典第 332 条不享有限制自己责任的权利，被告人还可以使用本法典第 331 条规定的责任限额。被告人也可以提出船舶所有人自己有权援引的答辩，但是援引其所在单位破产或清算除外。此外，被告人为了维护自己权益，还可使用有关损害系船舶所有人自身故意造成的答辩，但被告人不得使用船舶所有人对其提起的诉讼案中其有权援引的任何其他答辩资料。在各种情况下，被告人有权要求船舶所有人作为共同被告人参与诉讼。

第二十章　船舶和其他财产的救助

第 337 条　本章规定的适用范围

1. 本章规定适用于任何救助作业，如果救助合同没有另有明示或者默示规定。

合同双方无权用合同来排除本法典第 339 条的适用，以及规避本法典第 340 条规定的防止或者减少环境损害义务。

2. 就本章而言：

（1）救助作业是指在任何可通航水域或其他水域中，救援处于危险中的任何船舶或其他财产的行为或活动。

（2）财产系指非永久性和非有意地依附于岸线的财产和有风险的运费。

（3）环境损害是指污染、火灾、爆炸或者其他类似重大事件，对人员健康，或者对近海、内水或者与其毗邻区域的海洋生物、海洋资源造成重大现实损害。

3. 本章规定，除了本法典第 345 条第 1 款规定外，也适用于：

军舰、军事辅助船舶和其他的俄罗斯联邦所有的、俄罗斯联邦各主体所有的或者由他们经营并在实施救助作业时仅供政府非商业服务的船舶；

国家所有的非商品货物。

4. 本章规定不适用于：

固定式或者浮动式平台或者移动式近海钻井装置，如果该类平台或者装置已就位从事勘探、开发或者生产海底矿产资源；

史前的具有考古或者历史价值的文化性质海洋财产，如果该财产处于海底。

第 338 条 救助合同

船长有权以船东名义签订救助作业合同。船长或者船东有权以正在船舶上财产主人名义签订该类合同。

第 339 条 合同无效或其变更

有下列情形的，合同或者其任何条款可以被视为无效或者加以变更：

合同在胁迫或者危险情况影响下签订，且其条款不公正的；

合同项下支付款项同实际提供的服务不相称，过高或者过低的。

第 340 条 救助者、船东和船长的义务

1. 对处于危险状态船舶的船东或者处于危险状态其他财产的主人，救助者负有义务：

以应有谨慎实施救助作业；

履行本款第 1 项规定义务时，以应有谨慎防止或者减少环境损害；

当情况合理地需要其他救助者帮助时，向其他救助者求助；

处于危险状态船舶的船长或者其船东或者处于危险状态其他财产的主人，合理地要求其他救助者参与救助时，同意这种要求。但是，如果发现这种要求是不合理的，该参与不影响原救助者报酬金额。

2. 对于救助者，处于危险状态船舶的船长或其船东或者处于危险状态其他财产的主人负有下列义务：

在救助作业过程中与救助者通力合作；

履行本款第 1 项规定义务时，以应有谨慎防止或者减少环境损害；

当船舶或者其他财产被运达安全地点后，如果救助者合理地要求移交，接收该财产。

第 341 条 获得报酬条件

1. 有效果的救助作业方有权获得报酬。

2. 救助作业没有效果的，除了本法典第 343 条规定情形外，不应当获得本章规定的各种费用。

第 342 条 评定报酬标准

1. 评定报酬应从鼓励救助作业出发，并考虑下列标准，而不管其规定顺序：

（1）获救船舶和其他财产的价值；

（2）救助者在预防和减少环境损害方面的技能水平和努力程度；

（3）救助者达到的成功程度；

（4）危险的性质和程度；

（5）救助者在船舶、其他财产和人命救助方面的技能和努力；

（6）救助者耗费时间、支付费用和遭受损失；

（7）救助者或者其设备遭受到的责任风险和其他风险；

（8）提供服务的及时性；

（9）船舶或者其他用于救助作业的设备的可用性和使用情况；

（10）救助者的设备准备状况、该设备功效和价值。

2. 依据本条第 1 款规定的报酬，由所有的船舶和其他财产利益方，按照与获救船舶和其他财产相应价值的比例支付。

3. 报酬除去任何利息和因报酬可能引起的应缴纳的赔偿诉讼费、仲裁费外，不得超过获救船舶和其他财产的价值。

4. 法院、仲裁庭或者公断庭（注⑫），在依据本法典第343条应当支付的专门补偿确定前，不得依据本条按照获救船舶和其他财产最高价值的幅度来规定报酬。

第343条　专门补偿

1. 救助者对造成环境损害危险的船舶自身或者其所载运货物实施救助作业，且又不能获得本法典第342条规定的至少与本条确定的专门补偿相等的报酬的，其有权获得该船船东的、与本条第3款确定的救助者费用相等的专门补偿。

2. 在具有本条第1款规定情形下，救助者实施救助作业的结果，防止或者减少了环境损害的，依据本条第1款由船东支付给救助者的专门补偿可以增加，其最大增加额可达救助者支付费用的30%。法院、仲裁庭或者公断庭考虑到本法典第342条第1款规定的有关标准，认为这是公正和合理的，可以再增加该专门补偿，但是增加总额不得超过救助者支付费用的100%。

3. 对于本条第1款和第2款而言，救助者费用，是指在救助作业时救助者支付的合理实际费用，以及在救助作业过程中实际和合理使用设备和救助人员的公平费率。同时考虑本法典第342条第1款第8、第9和第10项规定标准。

4. 在任何情况下，依据本条的全部专门补偿，只有在该补偿高于救助者根据本法典第342条规定所能获得的任何报酬时才支付。

5. 救助者表现出疏忽大意并因此而没有能够防止或减少环境损害的，可以全部或者部分剥夺其依据本条规定应得的专门补偿。

6. 本条规定不损及船主对第三人的求偿权。

第 344 条　救助者之间的报酬分配

依据本法典第 342 条规定报酬的分配，在救助者之间根据该条款规定标准实施。

第 345 条　在船东和船员之间报酬分配

1. 依据本章规定实施救助作业挣得的任何报酬在船东与船员之间的分配，在扣除了船东和船员发生的救助作业费用后，按下列方式实施：

船东应得净报酬的 3/5，净报酬的 2/5 在船员之间分配；

依据本款第 2 段船员应得份额，根据其在实施救助作业时表现出的努力程度和各人挣得工资在他们之间分配。

本款第 2 段和第 3 段报酬分配规定的例外，仅在特殊情形才可以被允许。

2. 本条第 1 款规定，不适用于专业救助船舶所实施的救助作业挣得报酬的分配。

第 346 条　人命救助

1. 获救人无须支付任何报酬。

2. 在发生需要救助的事故时，参与救助服务的人命救助者，在支付给救助者的船舶或者其他财产救助或者环境损害的预防或减轻的报酬中，有权获得合理份额。

第 347 条　在合同履行过程中提供的服务

只要提供的服务没有超越，可以合理地认为应当履行危险产生前所签订合同的范围，则不应当依据本章规定支付任何款项。

第 348 条　救助者不当行为的后果

由于救助者的过错致使救助作业成为必要或者更加困难的，或者由于救助者犯有欺诈犯罪或者其他欺诈行为的，按照其程度，可以剥夺其全部或者部分依据本章应得的报酬或者专门补偿。

第 349 条　救助作业的制止

不顾处于危险状态船舶的船东或者其船长，或者其他任何处于危险状态的不在船上和未曾装过船的财产的主人明确和合理制止而提供的服务，不赋予依据本章规定支付款项的权利。

第 350 条　被救船舶和救助船舶属于同一船东

本法典第 342 条至第 349 条规定也适用于，被救船舶和救助作业船舶属于同一船东的情形。

第 351 条　对救助者要求所提供的担保义务

1. 根据救助者的要求，依据本章规定对报酬和专门补偿负有缴纳责任的人，应对救助者索赔要求，包括利息和诉讼费或者仲裁费，提供满意的担保。

2. 不受本条第 1 款规定限制，获救船舶的船东，应尽力以保证在货物释放前，货主对向其提出的索赔要求，其中包括利息和诉讼费或者仲裁费，提供满意的担保。

3. 未经救助者同意，获救船舶和其他财产不得从完成救助作业后该船舶和财产首次抵达的港口或地方移走，直至对救助者的有关船舶或者财产索赔要求提供了应有担保。

第 352 条　先行支付款项

1. 法院、仲裁庭或者公断庭根据案件具体情况，在公正和合理条件下，可以通过先行支付款项裁定，责令预付给救助者公正和合理的金额（包括必要时要求的担保）。

2. 依据本条先行支付款项的，对按照本法典第 351 条提供的救助者所要求的担保作相应扣减。

第 353 条　公共当局控制的救助作业

1. 救助作业由公共当局实施的或者在其监督下实施的，实施该救助作业的救助者可以使用本章规定的权利和防御方法。

2. 实施救助作业的公共当局不是履行自己通常义务的，义务实施救助作业的该公共当局可以使用本章规定的权利和防御方法。

第二十一章　海事要求的责任限制

第 354 条　有权限制责任的人员

1. 依据本章规定，船东和救助者就本法典第 355 条规定要求有权责任限制。

就本章规定适用而言，救助者是指从事与救助作业直接相关服务工作的，其中包括本法典第 335 条第 1 款第 4 项规定作业服务的任何人。

2. 就本法典第 355 条所规定的任何一项要求，向本条第 1 款规定人员对其作为行为或者不作为负有责任的人提出的，此人依据本章规定有权使用责任限制。

3. 本法典第 355 条规定要求的责任保险人，依据本章规定有权使用与责任被保险的人同一限度内的责任限制。

4. 援用责任限制的行为，并不构成对责任的承认。

第 355 条　可受责任限制的要求

1. 遵循本法典第 356 条和第 357 条规定条件下，下列要求不管何责任根据，可受责任限制：

（1）有关在船舶上发生的或者与船舶营运或者救助作业直接相关发生的公民人身伤亡或者财产灭失或者损害，其中包括港口工程、港域、航道和导航器材受到的损害，以及由此引起的进一步损害所产生的赔偿要求；

（2）海上货物、旅客及其行李运输时，逾期到达所造成的损害赔偿要求；

（3）与船舶营运或者救助作业直接相关的，侵犯了除合同权利以外的任何权利所造成的其他损害赔偿要求；

（4）与损害责任人不同的其他人，为防止或者减少责任人依据本章规定可以限制其责任的损害所采取措施，以及该措施造成进一步损害的赔偿要求。

2. 本条第 1 款所规定的要求受责任限制，即使该要求按照求偿程序提起，或者以合同产生的担保为根据或者用其他方式提起。但是，本条第 1 款第 4 项规定要求不受责任限制，当这些要求涉及与损害责任人签订合同所约定报酬时。

第 356 条　责任限制的除外

本章规定不适用于下列要求：

实施救助作业报酬，其中包括本法典第 343 条的专门补偿款，或者共同海损分摊费；

本法典第 316 条第 2 款第 5 项确定的船舶造成油污损害赔偿；

本法典第 326 条第 2 款第 1 项确定的海上运输有害有毒物质造成损害赔偿；

核能损害赔偿；

关于沉没船舶包括在该船舶上或者曾在该船舶上的所有物品的起浮、清除或者销毁产生的要求；

关于将货物从船舶上清除、销毁或者无害化处理产生的要求；

关于履行与船舶或者与救助作业相关职务的船东或者救助者的工作人员，造成其人身伤亡或者财产损害的赔偿要求，以及上述工作人员的继承人、居住其身边受其扶养的人或者有权获得来自其赡养的人赔偿要求，如果俄罗斯法律适用于船东或者救助者与其工作人员签订的劳务合同；

关于造成船上旅客人身伤亡赔偿要求，如果船东和旅客都是俄罗斯联邦的单位或公民；

关于公民人身伤亡或者财产损失与船舶营运或者救助作业直接相关造成损害赔偿要求，如果船东和公民或者救助者和公民都是俄罗斯的单位或者公民。

第 357 条　妨碍责任限制的行为

经证明，损害是其故意实施的或者由于重大过失实施的自身作为行为或者不作为行为造成的，损害责任人无权限制其责任。

第 358 条　相反要求

依据本章规定有权限制责任的人，就同一起事故产生的相反要求，向已向其提起要求的人提起的，先前的要求和相反的要求应当相互抵销，而本章规定仅适用于其间差额，如果有差额。

第 359 条　总的责任限制

1. 与本法典第 360 条规定要求不同的，并由同一起事故产生的其他要求，其责任限额用下列方式计算：

（1）有关造成公民人身伤亡的赔偿要求：

对于吨位 2 000 吨以下船舶，为 2 000 000 个计算单位；

对于吨位 2 000 吨以上船舶，在本项上段规定总额上，每超一吨吨位还应增加下列数额：

吨位 2 001 吨至 30 000 吨的，每吨为 800 个计算单位；

吨位 30 001 吨至 70 000 吨的，每吨为 600 个计算单位；

吨位超过 70 000 吨的，每吨为 400 个计算单位。

（2）有关任何其他要求：

对于吨位 2 000 吨以下船舶，为 1 000 000 个计算单位；

对于吨位 2 000 吨以上船舶，在本项第 2 段规定总额上，每超一吨吨位还应增加下列数额：

吨位 2 001 吨至 30 000 吨的，每吨为 400 个计算单位；

吨位 30 001 吨至 70 000 吨的，每吨为 300 个计算单位；

吨位超过 70 000 吨的，每吨为 200 个计算单位。

2. 造成公民人身伤亡的依据本条第 1 款第 1 项所计算的赔偿要求金额，尚不足以完全支付该赔偿要求的，依据本条第 1 款第 2 项计算的任何其他赔偿要求金额，用于支付造成人身伤亡赔偿要求未付差额，该未付差额与其他任何要求并列以比例为基础受偿。

3. 不是从救助船舶上实施救助的任何救助者，或者只是在被救船舶上或者在被救船舶方面提供施救服务的任何救助者，其责任限额按吨位为 2 000 吨船舶计算。

4. 对吨位 300 吨以下船舶的责任限额，按照本条第 1 款第 2 项规定要求计算，总额等于吨位为 2 000 吨以下船舶责任限额的 1/6。

第 360 条　旅客要求的责任限额

1. 有关造成船舶旅客人身伤亡损害赔偿要求，如果这些要求系同一起事故产生，船东责任限额为 175 000 个计算单位乘以客运证书允许船舶载客定额所得数额。

2. 就本条规定而言，造成船舶旅客人身伤亡赔偿要求，是指该船舶所载任何人提起的或者以该所载人员名义提起的要求，即：

依据海上旅客运输合同所载人员；

经承运人同意，依照海上货物运输合同运输的，为了随同照料车辆或者动物的人员。

第 361 条　赔偿要求总额

1. 依据本法典第 359 条确定的责任限额，适用于任何一起事故产生的对下列人员提起的所有各种要求总和：

船东，以及船东对其作为行为或者不作为行为承担责任的任何人员；

从另一船舶上提供救助服务的该船船东，从该船舶上实施救助的一个或者数个救助者，以及船东或者一个或者数个救助者对其作为行为或者不作为行为承担责任的任何人员；

不是从救助船舶上提供救助服务的，或者只是在被救助船舶上提供救助服务的一个或者数个救助者，以及一个或者数个救助者对其作为行为或者不作为行为承担责任的任何人员。

2. 依据本法典第 360 条规定的责任限额，适用于可以由任何一起事故产生的，向本法典第 360 条规定的船东，以及向船东对其作为行为或者不作为行为承担责任的任何人提起的各种要求总和。

第 362 条　没有设立责任限制基金的责任限制

1. 即使没有设立本法典第 363 条规定的责任限制基金，船东和救助人依据本章规定有权限制自己的责任。

2. 责任限制没有设立责任限制基金的，相应适用本法典第 364 条规定。

第 363 条　设立责任限制基金

1. 被认定负有责任的人，可以在向其提起其责任可以受到限制的索赔诉讼的法院或者仲裁庭设立责任限制基金。

2. 责任限制基金依据本法典第 359 条和第 360 条计算的金额设立，加上导致责任的事故发生之日起到该基金设立之日止的该项金额的利息。这种方式所设立的任何基金仅用于责任可以被限制的赔偿要求的支付。

3. 责任限制基金设立，可以采用将本条第 2 款规定金额寄存法院或者仲裁庭，或者提供为俄罗斯联邦法律许可的并由法院或者仲裁庭认定为金额足额的银行担保或者其他财务担保。

4. 数个船东或者数个救助者，对同一起事故所产生的各种要求有权责任限制的，其中一个船东或者一个救助者设立的责任限制基金，被视为全体船东或者全体救助者所设立。

第 364 条　责任限制基金的分配

1. 对责任限制基金分配的所有事宜，只有设立有责任限制基金的法院或者仲裁庭才有权主管解决。

2. 责任限制基金在有要求的人员之间，依这些人对该基金所确立的要求金额，按比例分配。

3. 在责任限制基金分配前，责任人或者其保险人对该基金的要求已支付赔偿的，他在其支付金额范围内，按照代位求偿权程序获得以本章规定为根据的受偿人所享有的权利。

4. 责任人认定，以后其可以被强制支付全部或者部分有关其依据本条第 3 款规定可以使用代为求偿权的赔偿金的，在责任限制基金分配前已支付赔偿金的条件下，设立有责任限制基金的法院或者仲裁庭可以命令，将足额金额暂时保存以满足以后该责任人对基金的要求。

第 365 条　对于其他诉讼的禁止

责任限制基金已设立的，规定基金用以满足其要求的任何一个人，根据该要求，对已设立责任限制基金的一个或者数人任何其他财产，无权行使任何权利。责任限制基金设立后，属于上述一人或者数人的并根据可对基金提起的要求而被扣押的船舶或者其他财产，或者所提供的担保，设有责任限制基金的法院或者仲裁庭应当下令撤销。本条规定适用于，有赔偿要求的人，可以向支配该基金的法院或者仲裁庭就责任限制基金提出要求，且该基金确实可用于满足这种要求的情形。

第 366 条　本章规定的适用范围

1. 本章规定也扩及下列船舶：

俄罗斯联邦所有的、俄罗斯联邦各主体所有的，或者由他们经营并在产生赔偿要求时仅供政府非商业性服务的各种船舶，但是军舰、军事辅助船舰和边防舰艇除外；

改建或者建造用于钻探作业并且正从事该作业的各种船舶。

2. 本章规定不扩及下列船舶：

各种气垫船；

用于勘探或者开采海床或者其地下矿物或者其他非生物资源的各种浮动平台。

第二十二章　船舶海事抵押（注⑬），船舶或者在建船舶不动产抵押（注⑭）

第一节　船舶海事抵押

第367条　船舶海事抵押担保的要求

1. 对船东的下列要求由海事抵押来担保：

（1）船长和其他船员在船舶上任职所应当支付给他们的工资和其他款项，其中包括遣送费用和以船长和其他船员名义缴纳的各种社会保险费用；

（2）直接与船舶营运有关的，造成陆上或者水上公民人身伤亡的损害赔偿；

（3）船舶救助报酬；

（4）港务费和运河费、其他航道费和引航费缴纳；

（5）船舶营运时，造成与船舶所载运的货物、集装箱和旅客物品不同的其他财产损失或者灭失实际损害的赔偿。

2. 船舶海事抵押不得担保本条第1款第2项和第5项规定要求，如果这些要求由于下列事项产生：

本法典第18章规定的船舶油污损害，或者因海上运输各种有害有毒物质所致的本法典第19章规定的损害；

核燃料或者各种放射性产品和废料的放射性作用，或者放射性与核燃料或者各种放射材性产品和废料的毒性、爆炸性或者其他有害属性相结合的作用。

第 368 条 船舶海事抵押担保要求的优先受偿

本法典第 367 条第 1 款的船舶海事抵押担保要求，对于已被登记的船舶不动产抵押担保债务产生的要求应当优先受偿。对于船舶海事抵押所担保的上述要求，无论何种要求都不应当优先受偿，但是本法典第 386 条第 3 款规定的要求除外。

第 369 条 船舶海事抵押担保要求，在彼此之间的受偿顺序

1. 本法典第 367 条第 1 款的船舶海事抵押担保要求，遵循该款规定的顺序受偿。船舶救助报酬要求，对于比赋予船舶抵押权的救助作业较早产生的其他所有船舶海事抵押担保要求优先受偿。

2. 本法典第 367 条第 1 款第 1 项、第 2 项、第 4 项和第 5 项的船舶海事抵押担保要求，在各自顺序范围内，按要求额的比例受偿。

3. 本法典第 367 条第 1 款第 3 项的船舶海事抵押担保的船舶救助报酬要求，应当在顺序范围内按照该要求产生时间相反顺序受偿。要求被视为在救助作业结束时产生。

第 370 条 船舶海事抵押的特性

除强制出售船舶外，船舶海事抵押不依赖于船舶所有权转移、船舶登记变更或者船旗改变而随船舶继续存在。

第 371 条 船舶海事抵押终止

1. 船舶海事抵押，自本法典第 367 条第 1 款规定的船舶海事抵押担保要求产生之日起 1 年期满后终止，只要在上述期限期满前，船舶不是导致船舶强制出售的扣押对象。

2. 本条第 1 款规定期限的计算：

（1）对本法典第 367 条第 1 款第 1 项的船舶海事抵押担保

要求，具有该要求的船员自离开船上职务时起；

（2）对本法典第367条第1款第2项至第5项的船舶海事抵押担保要求，自该要求产生时起。

上述期限，在基于法律所不允许扣押的期间中止。

第372条 要求的让与或者转移

1. 船舶海事抵押担保要求的让与或者转移，同时导致海事抵押权的让与或者转移。

2. 对造成人身伤亡的赔偿要求和根据海上保险合同应付给船舶所有人的保险款支付要求，不允许转移给有船舶海事抵押权的人。

第373条 船舶或者在建船舶留置权

1. 对于与船舶建造有关的以及与船舶修理（其中包括船舶改建）有关的要求担保，船舶建造和修理单位有权在其占有船舶期间留置该船舶。

2. 本条第1款规定的船舶留置权，当船舶或者在建船舶从建造或者修理单位脱离占有时终止，只要它不是被扣押的结果。

3. 船舶或者在建船舶被强制出售的，建造和修理的单位有权满足自己的要求，从依据本法典第386条第4款规定所出售该船舶获得款项中受偿。

第二节 船舶或者在建船舶不动产抵押

第374条 船舶或者在建船舶不动产抵押设立

1. 为了由船舶或者在建船舶所有人（抵押人）与贷款人（抵押权人）的合同来担保货币债务，设立船舶或者在建船舶不动产抵押，随后依据本法典第376条和第377条作抵押登记。

2. 经船舶所有人同意，有船舶经营管理权的人，也可以成为船舶或者在建船舶的抵押人。

第 375 条　船舶或者在建船舶的不动产抵押标的

1. 合同没有另行约定的，船舶不动产抵押标的及于船舶、属于同一所有人的船舶属具，以及根据船舶海上保险合同在船舶灭失或者损害承担责任条件下应当赔付的保险赔款。船舶不动产抵押标的不得扩及运费。

2. 合同没有另行约定的，在建船舶不动产抵押标的可扩及，处于造船企业施工地来供船舶建造使用的，并且能借助于标记或者其他方式清楚识别的材料和设备，以及在在建船舶灭失或者损害承担责任条件下，根据在建船舶海上保险合同应当赔付的保险赔款。

3. 在两艘或两艘以上船舶或者在建船舶作为不动产抵押标的情况下，单独每一艘作为履行债务担保，或者单独每艘担保债务额没有约定的，它们所有船舶共同作为履行债务的全额担保。

第 376 条　船舶或者在建船舶的不动产抵押登记

1. 船舶不动产抵押在已办理船舶登记的同一船舶登记簿中登记。

2. 依据本法典第 15 条第 2 款和第 3 款暂时被授予悬挂俄罗斯联邦国旗航行权的外国船舶不动产抵押，以及为船舶外国收货人建造的在建船舶不动产抵押，不得在俄罗斯联邦登记。

3. 在建船舶不动产抵押，在已办理在建船舶所有权登记的该在建船舶登记簿中登记。

龙骨正铺设或者由专家鉴定证明同等施工工程正在实施的，在建船舶的所有权可以在在建船舶登记簿中登记。在建船舶所有权已登记的，颁发相应证书。

4. 建造后被视作海船的在建船舶登记簿，在位于建造单位附近相应的商业海港和渔业海港管理。

在建船舶在商业海港的权利登记规则，由联邦运输行政管理机关批准；在建船舶在渔业海港的权利登记规则，由联邦渔业行政管理机关批准。

第 377 条　船舶或者在建船舶不动产抵押登记的程序

1. 船舶或者在建船舶所有权登记后，船舶或者在建船舶不动产抵押以抵押人的申请为根据登记。

2. 在船舶或者在建船舶不动产抵押登记申请书中，应当载明下列事项：

船舶识别资料（船舶名称、其登记港口或者地点、登记号、船舶型号和船级、船舶吨位），或者在建船舶识别资料（船舶正在建造地、建造号、船舶型号、龙骨长度和其他基本数据、登记号）；

不动产抵押的抵押人名称和地点；

不动产抵押权人的名称和地点，或者已向持有人颁发的不动产抵押信息资料；

不动产抵押担保的债务最高数额；

两艘或者两艘以上船舶或者在建船舶设立不动产抵押时，每艘船舶分别担保的债务最高数额，如双方对此签订有协商；

船舶或者在建船舶不动产抵押的终止日期。

船舶或者在建船舶不动产抵押登记申请书，应附上船舶或者在建船舶不动产抵押合同及在该合同中规定的各种证书。

3. 在船舶或者在建船舶不动产抵押登记前，对于该不动产抵押登记所必要的各种证书实施法律鉴定。

船舶或者在建船舶不动产抵押合同，或者附于该合同的各种证书，不符合船舶或者在建船舶不动产抵押登记要求的，船舶或者在建船舶不动产抵押登记机关有权拒绝该抵押登记。

4. 船舶或者在建船舶不动产抵押，在收到登记申请书之日登记。

在登记申请书中依据本条第 2 款规定的全部资料，载入国家船舶登记簿、船舶登记簿或者在建船舶登记簿。

船舶或者在建船舶不动产抵押登记机关，应当依据国家船舶登记簿、船舶登记簿或者在建船舶登记簿中所记载项目，给抵押人和抵押权人颁发规范格式的船舶或者在建船舶不动产抵押登记证书。

5. 船舶或者在建船舶不动产登记费用，和依据本条第 6 款提供资料的程序，由俄罗斯联邦政府规定。

6. 船舶或者在建船舶所登记的国家船舶登记簿、船舶登记簿或者在建船舶登记簿，和应当送交到登记机关的任何证书都是公开的，任何利害关系人均有权从该登记簿中摘录和获取各种证书副本。

7. 在船舶不动产抵押登记时，无须将此所作的任何记录载入各种船舶证书。

第 378 条　船舶或者在建船舶不动产抵押的抵押权人利益的保护

已在国家船舶登记簿、船舶登记簿或者在建船舶登记簿中登记的不动产抵押，则推定为，为了实际已登记为该不动产抵押权人的利益确实设定，并且所有在国家船舶登记簿、船舶登记簿或者在建船舶登记簿中记载都是有效的，如果不是另有登记。

第 379 条　由船舶或者在建船舶不动产抵押担保债务所产生的要求优先受偿

1. 任何要求，除了本法典第 367 条第 1 款规定的船舶海事抵押担保要求外，对丁已登记的船舶不动产抵押担保债务所产生的要求，不应当优先受偿，但是本法典第 386 条第 3 款和第 4 款规定要求除外。

2. 任何要求，对于已登记的在建船舶不动产抵押担保债务所产生的要求，不应当优先受偿，但是本法典第 386 条第 4 款规定的要求除外。

第 380 条　由船舶或者在建船舶不动产抵押担保债务所产生的要求彼此之间受偿顺序

1. 在同一艘船舶或者在建船舶上登记有两个或者两个以上不动产抵押的，不动产抵押担保债务所产生要求的受偿顺序，彼此之间由它们的登记日期确定。早登记不动产抵押，对于后登记不动产抵押具有优先权。同日登记不动产抵押具有相同效力。

2. 本条第 1 款规定的船舶或者在建船舶不动产抵押担保债务所产生的要求受偿顺序，可以由抵押人和抵押权人协议变更。该协议应当登记在国家船舶登记簿、船舶登记簿或者在建船舶登记簿内。

第 381 条　船舶或者在建船舶不动产抵押的转让

1. 抵押权人只有将船舶或者在建船舶的不动产抵押与该抵押所担保的货币债务一起才有权转让给他人。只有一个没有另一个的单独转让不予许可。

2. 在船舶或者在建船舶不动产抵押转让情况下，有关转让日期和受转让人的名称和地点事项，载入不动产已抵押登记的国家船舶登记簿、船舶登记簿或者在建船舶登记簿。

第382条　不动产抵押担保的船舶或者在建船舶的管护

抵押人应当采取应有的措施保管和维护设置有不动产抵押的被担保船舶或者在建船舶。未履行该义务导致船舶或者在建船舶重大贬值的，抵押权人有权强制实现船舶或者在建船舶不动产抵押，即使在债务履行尚未到期情况下。

第383条　船舶或者在建船舶所有权转移或者登记变更

1. 除了依据本法典第385条和第386条强制出售船舶或者在建船舶外，在导致从国家船舶登记簿、船舶登记簿中注销船舶登记或者从在建船舶登记簿中注销在建船舶所有权登记的所有其他情形下，登记机关无权从相应的登记簿中注销船舶登记或者注销在建船舶所有权登记，只要所有这些已登记的船舶或者在建船舶不动产抵押预先没有得到满足，或者没有得到所有抵押权人书面同意。

2. 从国家船舶登记簿、船舶登记簿中注销船舶登记，或者从在建船舶登记簿中注销在建船舶所有权登记是必须的，除了自愿出售外，登记机关应当告知抵押权人，船舶或者在建船舶所有权面临着从相应的登记簿中注销登记的情况，以便抵押权人采取应有措施保护自己利益。没有获得他们同意，船舶或者在建船舶所有权从相应登记中注销登记应在合理期限期满后，但是不得少于告知抵押权人后3个月。

第384条　船舶或者在建船舶强制出售的根据

抵押人没有履行还债义务的，对设置有不动产抵押的船舶或者在建船舶，以被扣押船舶或者在建船舶所在地法院裁定为根据可以出售。

第 385 条　船舶或者在建船舶强制出售的通知

1. 在强制出售船舶或者在建船舶前，法院应当将此通知下列各方：

发送至船舶登记机关或者在建船舶所有权登记机关；

发给未向持有人颁发的已登记船舶或者在建船舶不动产抵押的所有抵押权人；

发给已向持有人颁发的已登记船舶或者在建船舶不动产抵押的所有抵押权人，和根据本法典第 367 条第 1 款规定要求的船舶海事抵押的所有拥有人，如果他们告知法院自己要求；

发给已登记的船舶或者在建船舶所有权人；

发送至船舶暂时被允许悬挂外国旗航行的该国船舶登记机关。

2. 要求强制出售船舶或者在建船舶的人，应当向法院提交从相应船舶登记簿或者在建船舶登记簿中的摘录，并附有已登记的船舶或者在建船舶不动产抵押的抵押权人名称和地点。

3. 有关强制出售船舶或者在建船舶的通知，至少在强制出售前 30 日发出，并且包含：

有关强制出售的时间和地点，以及享有获得通知权的人为保护自己利益所应当要知道的涉及强制出售的或者导致强制出售程序的资料；

强制出售时间和地点不能准确确定的，有关强制出售的约略时间和预期地点，和享有获得通知权的人为保护其利益所足够的其他资料。

依据本款发出通知的，有关强制出售的确切时间和地点的补充通知，在这些确切信息知悉后发出，但是最迟在强制出售前 7 日。

4. 强制出售的通知发送给本条第 1 款规定的机关和人员，

采用签收邮件方式或者采用任何保障将有关面交的通知送达的电子或者其他适当方式。除此之外，还可以将通知在强制出售的地方用大众传媒工具公布，或者根据实施该强制出售机关酌定，在其他出版物上公布。

第386条　船舶或者在建船舶强制出售的后果

1. 船舶或者在建船舶被强制出售的，所有已登记的船舶或者在建船舶不动产抵押（除了经其抵押权人同意由买主承担的之外），所有海事抵押和设立的其他任何种类负担，对该船舶或者在建船舶效力终止。

2. 由于船舶或者在建船舶的扣押和随后出售产生的费用，从出售该船舶所得款项中首先受偿。这些费用包括特别是从船舶被扣押时起引起的船舶维护费和船员生活费，以及本法典第367条第1款第1项规定的工资、其他款项和费用。出售船舶或者在建船舶所得款项的剩余部分，依据本章规定以满足有关各项要求的必要程度分配。在满足了所有提出的要求后，出售船舶或者在建船舶所得款项，如果尚有剩余，返还给船舶或者在建船舶所有人并可以自由转移。

3. 为保障航海安全或者防止污染海洋环境，港务当局强制出售打捞起沉没的船舶的，打捞沉没船舶费用，在满足任何船舶海事抵押担保要求前，从出售该船舶所得款项中优先支付。

4. 强制出售船舶或者在建船舶时，船舶处于有留置权的造船企业或者修船企业占有的，该企业为买主应当交出其所占有的船舶或者在建船舶；同时，其有权从出售船舶或者在建船舶所得款项中满足自己要求。存在本法典第367条第1款规定的船舶海事抵押担保要求的，属于修船企业的这种要求权利在满足上述要求后产生。

5. 船舶或者在建船舶强制出售的，主管机关根据买主请求颁发证书，证明船舶或者在建船舶所购买，船舶没有任何不动产抵押设置，但是经抵押权人同意由买主负担的除外。

出示该证书时，实施船舶或者在建船舶不动产抵押登记机关，应当从相应的船舶登记簿或者在建船舶登记簿中注销所有登入的船舶或者在建船舶不动产抵押，但是由买主负担的不动产抵押除外。

依据俄罗斯联邦法律，俄罗斯联邦公民或者法人是船舶或者在建船舶买主的，船舶或者在建船舶所有权应当用该买主名义在相应的俄罗斯联邦登记簿中登记。船舶或者在建船舶所有权在俄罗斯联邦相应的登记簿中已登记，且外国公民或者法人是该船舶或者在建船舶买主的，船舶登记机关或者在建船舶所有权登记机关，应当给该买主颁发证书，证明从国家船舶登记簿、船舶登记簿中注销船舶登记，或者证明从在建船舶登记簿中注销在建船舶所有权登记，以便船舶或者在建船舶所有权在国外相应登记簿中登记。

第387条　船舶或者在建船舶不动产抵押的终止

1. 具有下列情形的，船舶或者在建船舶不动产抵押终止：

货币债务清偿；

使用与清偿债务不同的其他特殊方式（强制出售和其他）来终结货币债务；

船舶或者在建船舶灭失，但是下列情形除外，即船舶或者在建船舶不动产抵押的抵押权人，基于船舶或者在建船舶灭失，依据海上保险合同可以实现自己应给付他的保险赔款要求。

2. 出示船舶或者在建船舶不动产抵押终止证书时，具有第1款规定情形的，登记机关应将船舶或者在建船舶不动产抵押终止的记录载入相关船舶登记簿或者在建船舶登记簿。

第二十三章　船舶扣押

第 388 条　扣押船舶的权限

1. 就本章而言，船舶扣押是指为了保障本法典第 389 条规定的海事要求，以法院、仲裁庭或者法律授予扣押权的海事案件公断庭的命令为根据，将正处于俄罗斯联邦司法管辖区域内的船舶滞留或者限制移转，但是为了执行已发生法律效力的法院裁定、仲裁庭或者公断庭裁决所实施的强制扣留船舶除外。

2. 只有根据海事要求才可以扣押船舶。

3. 甚至船舶准备起航，也可以扣押船舶。

4. 为了得到保障，船舶可以扣押，即使依据相关合同约定的司法管辖条款或者仲裁条款或者其他条款，扣押船舶的海事要求应属另一国法院或者仲裁庭审查。

5. 本章规定不损及海港港务主任依据本法典第 80 条规定拒绝颁发船舶离港许可证的权利、港务当局根据本法典第 81 条规定要求扣留船舶和货物的权利，以及俄罗斯联邦法律规定的有关国家机关扣押船舶和货物的权利。

第 389 条　海事要求

海事要求是指下列事项产生的任何要求：

船舶营运时所造成的损害；

与船舶营运直接有关的造成陆上或者水上公民人身伤亡；

实施救助作业或者履行任何救助合同；

任何人采取了预防或者减少损害其中包括环境损害的措施

引起的费用，如果这项要求从俄罗斯联邦缔结的国际条约、法律或者任何协议中产生；以及上述措施已经造成的或者可能造成的损害；

已沉没船舶或其货物的打捞、清除或者销毁费用；

使用船舶的任何合同；

船舶载运的任何海上货物运输合同或者海上旅客运输合同；

船舶所载运的货物包括行李的灭失或者损坏；

共同海损；

引航员引航；

拖带作业；

为了船舶营运或者维护，提供的食品、物料、燃料、储备品、设备其中包括集装箱；

船舶建造、维修、现代化改装或者重装；

各种港务费和运河通行费，其他航道费用；

船长和其他船员在船舶上任职所应当支付给他们的工资和其他款项，其中包括遣送回国费用和以船长和其他船员名义缴纳的各种社会保险费用；

船舶停泊在港口时应支付的服务于船舶的各种费用（注⑮）；

船舶所有人或者光船租赁合同承租人支付的或者以他们名义支付的保险费，包括互保费；

船舶所有人或者光船租赁合同承租人支付的或者以他们名义支付的佣金、经纪费或者代理费；

船舶所有权或者船舶占有的任何争议；

两个或者两个以上船舶所有人对于使用船舶和利润分配的任何争议；

已登记的船舶不动产抵押或者已登记的船舶上设置有相同

性质义务；

船舶买卖合同所引起的任何争议。

第 390 条 可扣押的船舶

1. 具有下列情形的，可以扣押产生海事要求的船舶：

（1）对船东的海事要求由船舶海事抵押担保，并且属于本法典第 367 条第 1 款规定要求的；

（2）海事要求以规定程序登记的船舶不动产抵押或者船舶上设置有相同性质义务为根据的；

（3）海事要求涉及船舶所有权或者占有的；

（4）海事要求并没有本款第 1 项、第 2 项和第 3 项规定的情形，而是在产生海事要求时船舶在所有权方面属于其所有的人，对该项海事要求负有责任，并且在船舶扣押程序开始时仍为该船舶所有人；或者在产生海事要求时光船租赁合同的船舶承租人，对该项海事要求负有责任，并且在船舶扣押程序开始时为光船租赁合同的该船舶承租人或者所有人。

2. 如果在扣押船舶程序开始时数艘船舶属于其所拥有的人，对海事要求负有责任，并且在产生海事要求时是船舶所有人或者是该船舶光船租船、定期租船或者航次租船的承租人，则对他们的其他任何一艘或者数艘船舶也可以扣押。

本款规定不适用于涉及船舶所有权或者占有的要求。

第 391 条 释放被扣押船舶

1. 用可接受方式提供了足额担保的情况下，只有以法院、仲裁庭或者本法典第 388 条第 1 款规定的公断庭的命令为根据，才可以释放被扣押船舶。

2. 双方在担保的方式和数额上缺乏协议的，法院、仲裁庭或者本法典第 388 条第 1 款规定的公断庭确定担保方式以及不超出船舶价值的担保数额。

3. 因提供了担保而解除船舶扣押的任何请求，并不表示责任认可、答辩权或者责任限制权的放弃。

4. 依据本条第 2 款提供了担保的人，可以在任何时候向法院、仲裁庭或者本法典第 388 条第 1 款规定的公断庭申请减少、改变或者撤销该担保。

第 392 条　重复和多次扣押船舶

1. 为了担保海事要求而船舶被扣押，或者为了预防船舶被扣押或为了撤销被扣押船舶而提供担保的，该船舶不得重复被扣押或者根据相同海事要求被扣押，但是下列情形除外：

（1）在担保总额不超出船舶价值的条件下，根据相同要求所作的担保数额不足额；

（2）提供担保的人，不能全部或者部分履行自己义务；

（3）已被扣押的船舶或者已提供的担保被撤销：

根据有海事要求权的人申请或者同意，并且该请求或者同意存在着合理原因；

由于有海事要求权的人不可能通过采取合理措施阻止释放船舶。

2. 为了担保海事要求而船舶被扣押，或者为了预防船舶被扣押或者为了撤销被扣押船舶而提供担保的，根据相同海事要求将被扣押的任何其他一艘船舶，不得再被扣押，但是下列情形除外：

（1）根据相同海事要求所得到的担保额不足的；

（2）适用本条第 1 款第 2 项和第 3 项规定的。

3. 本条规定对任何违法释放船舶或者船舶从扣押中脱逃都不适用。

第 393 条　对被扣押船舶的船主的保护

1. 由被扣押船舶包括违法或者无根据扣押船舶可能造成的任何损害，或者由于要求额和获得的过度担保可能造成的任何损害，法院、仲裁庭或者本法典第 388 条第 1 款规定的公断庭，可以将扣押船舶或者延长扣押船舶期限作为条件，责任要求扣押船舶或者延长扣押船舶期限的人按照法院、仲裁庭或者上述公断庭所确定的额度和条件提供担保，以补偿该要求人对这些损害可能要承担的责任。

本款第 1 项规定不适用于，根据本法典第 389 条第 16 款规定要求扣押船舶和延长扣押船舶期限的人。

2. 根据法院、仲裁庭或者本法典第 388 条第 1 款规定公断庭的命令扣押了船舶或提供了担保以防止船舶被扣押，作出该命令的法院、仲裁庭或者上述公断庭，就扣押了船舶或者提供了担保的要求人对造成任何损失包括违法或者无根据扣押船舶造成的损失，或者对按其要求额获得过度担保造成的损失，有权确定责任数额。

3. 依据本条第 1 款提供担保的，提供该担保的人在任何时候可以向法院、仲裁庭，或者本法典第 388 条第 1 款规定的公断庭申请减少、变更或者撤销担保。

第二十四章　海事声明

第 394 条　海事声明

1. 船舶在航行或者系泊时，发生了事故，并且该事故可以成为向船东提起财产要求根据的，船长为保全证据应当作出海事声明。

2. 海事声明目的在于尽可能保全有关事故情况及其引发原因的全部资料，其中包括损失和采取预防或者减少损失措施的资料。

第 395 条　作出海事声明书

海事声明：

在俄罗斯联邦港口，向公证人作出；

在外国港口，向俄罗斯联邦驻外领事机构官员，或者依据有关国家法律规定程序向该国的主管官员作出。

第 396 条　作出海事声明书期限

作出海事声明，如果事故发生在：

港口，自事故发生时起 24 小时内；

船舶航行时，在事故发生后自船舶或者船长首先抵达的港口时起 24 小时内。

第 397 条　海事声明书作出迟延

1. 航行时发生事故的，为避免事故发生后由于船舶进入首先抵达港口所带来的大量时间和经费耗费，海事声明书可以在事故发生后不是船舶或者船长首先抵达的港口作出。

2. 证明在本法典第 396 条规定期限内不可能作出海事声明的，其原因应当在海事声明书中注明。

第 398 条　对于造成货物损失的海事声明

存在着有根据推断，因事故造成船舶上货物损失的，海事声明书应当在开舱前作出。卸载船上货物在作出海事声明书前开始，只有在迫切需要情况下才能实施。

第 399 条　证据

1. 为了证明在海事声明书中所叙述的情况，船长在提交声明书同时，或者自自己或者船舶抵达港口时起或者自该事故发生时（如果事故发生在港口）起 7 日内，负责向公证人或者俄罗斯联邦驻外领事机构官员或者外国主管官员提交供审查的船舶日志和由船长证明无误的从船舶日志中的摘录。

2. 船舶日志灭失的，在海事声明书中应当记载船舶日志灭失情况和原因。

第 400 条　制作海事声明证明书

公证人或者俄罗斯联邦驻外领事机构的官员，以船长声明书、船舶日志资料、询问船长和在必要情况下询问其他船员笔录为根据制作海事声明证明书，并用其签字和加盖印章证明。

第 401 条　外国领事机构制作海事声明证明书

从外国船舶船长处接受海事声明书和海事声明证明书的制作，可以由驻俄罗斯联邦的外国领事机构依据互惠条件实施。

第二十五章 赔偿要求和民事诉讼、民事诉讼时效

第一节 赔偿要求和民事诉讼

第 402 条 能够作为海上货物运输参加者责任根据的情况证明

1. 能够作为承运人、托运人、收货人和旅客的责任根据的情况，由商务记录或者普通记录证明。在外国港口，上述情况依据该港口现行规则证明。

2. 制作商务记录用于证明下列事项：

货物或者行李实际名称、数量或者件数与各种运输单据中记载资料相互之间不一致；

货物或者行李遭到损坏；

发现有货物或者行李但无相应单证，以及有单证但无相应货物或者行李；

被窃货物或者行李返还给承运人。

记录方式及其编制程序和无需编制记录情况的证明程序，由依据本法典第 5 条第 2 项颁布的规则规定。

第 403 条 对承运人的赔偿要求

1. 有关近海货物运输在向承运人提起民事诉讼前，向承运人提出赔偿要求是必经程序。

2. 赔偿要求向实施运输货物的承运人提出；如果货物没有

实施运输，依据海上货物运输合同可以向负责运输的承运人提出。

对联运所产生的赔偿要求，向送达货物到终点站的承运人提出。

第404条　提起赔偿要求权和民事起诉权的转让

1. 提起赔偿要求权和民事起诉权转让给其他单位和公民不予许可，但是该权利由托运人转让给收货人或者相反，以及由托运人或者收货人转让给海运代理人或者保险人的除外。

2. 提起赔偿要求权和民事起诉权的转让，由提单或者其他运输单证中的转让背书证明。

第405条　提起赔偿要求的程序

1. 提起赔偿要求用书面方式。

在货物灭失或者损坏的赔偿要求上，除了各运输单证外，还应当附有证明提起赔偿要求权的各种证书和证明托运货物数量和价值的各种证书。

各种运输单证的提交使用正本。

2. 如果赔偿要求不附有本条第1款规定的各种证书，承运人有权在收到赔偿要求后两周内将其退回不予审查。承运人在上述期限内没有将手续不完备赔偿要求退回给请求人的，则该要求被视为接受审查。

第406条　由海上货物运输合同产生的赔偿要求提起的期间

由海上货物运输合同产生的对承运人的赔偿要求，可以在民事诉讼时效期间内提起。

第407条　由海上货物运输合同产生的赔偿要求的审查期间

1. 承运人对海上货物运输合同产生的赔偿要求，自收到该

赔偿要求之日起 30 日内负责审查并告知请求人满足或拒绝该
要求。

2. 自向承运人提起海上货物运输合同产生的赔偿要求之日
起，在收到赔偿要求答复前或者供答复的规定期间期满前，民
事诉讼时效期间中止。

第二节　民事诉讼时效

第 408 条　由海上货物运输合同产生要求的民事诉讼时效期间

1. 由海上货物运输合同产生的要求适用 1 年诉讼时效期间。

2. 上述期间按照下列要求计算：

对于货物灭失的损害赔偿，自货物应当交货之日起 30 日期
满后计；联运运输货物的，自接收运输货物之日起 4 个月期满
后计；

对于货物损坏、逾期送达和运费剩余部分退回或者不足部
分补缴的损失赔偿，自交货之日起计，没有交货的，自应当交
货之日起计；

对于没有供船或者迟延供船的损害赔偿、船舶滞留费、装
载或者卸载提前结束的酬金，自货物开始运送或者应当开始运
送时的下一个月结束之日起计；

对于所有其他情形，自作为提起赔偿要求根据的事件出现
之日起计。

第 409 条　其他要求的民事诉讼时效

1. 对于除了本法典第 197 条第 1 款规定情形外的由涉外海
上旅客运输合同产生的要求、由海上保险合同以及由船舶碰撞
和实施海事救助作业产生的要求，适用 2 年诉讼时效期间。

上述期间的计算：

（1）对于由涉外海上旅客运输合同产生的要求，除了本法典第 197 条第 1 款规定情形外：

旅客人身健康受到损害的，自旅客上岸之日起计；

在运输时发生旅客死亡的，自旅客本应要上岸之日起计；

旅客在运输时人身健康受到损害，在其上岸后引起死亡的，自死亡之日起计，但该期限自旅客上岸之日起未超逾 3 年；

旅客行李灭失或者损坏的，自行李卸载或者应当卸载之日起计，以更迟的日期为准；

（2）对海上保险合同产生的要求，自诉权产生之日起计；

（3）对船舶碰撞损害赔偿要求，自船舶碰撞之日起计；

（4）对救助作业产生的要求，自救助作业结束之日起计。

2. 对由拖带合同、海运代理合同、海运居间合同、定期租船合同和光船租赁合同所产生的和由共同海损所产生的要求，适用 1 年诉讼时效期间。

上述期间计算：

（1）对由拖带合同、海运代理合同、海运居间合同、定期租船合同、光船租赁合同所产生的要求，自诉权产生之日起计；

（2）对由共同海损所产生的要求，自编制成共同海损理算书之日起计。

3. 对本法典第 313 条规定的求偿要求，适用 1 年诉讼时效期间，自支付相应款项之日起计。

第 410 条　船舶油污损害及海上运输有害有毒物质所致损害的赔偿要求的民事诉讼时效

船舶油污损害及海上运输有害有毒物质所致损害的赔偿诉讼，自受害人知道或者应当知道造成该损害之日起 3 年内不提起即告失效。但是，船舶油污损害赔偿诉讼，自引起船舶油污损害事件之日起 6 年期满后不得提起；海上运输有害有毒物质所致损害赔偿诉讼，自引起该损害事件之日起 10 年期满后不得提起。

第 411 条　一般期限的适用

对本法典没有规定诉讼时效期间的要求，适用俄罗斯联邦民事法律规定的诉讼一般期间，如果对该要求俄罗斯联邦缔结的国际条约没有规定其他期间的。

第 412 条　有共同海损的民事诉讼时效期间中止

赔偿要求数额的计算依赖于共同海损计算的，诉讼时效期间，自海损理算师作出存在共同海损的决定之日起到利害关系人收到海损理算书之日止的期间中止。

第 413 条　使用他人金钱的利息

1. 由本法典调整的关系所产生的要求满足时，在支付款项上加算利息。该利息按债权人居住地现行银行贴现率计，或者，债权人是法人的，按法人所在地现行银行贴现率计。

2. 利息自用书面方式提起有关款项支付要求之日起加算到该款项支付之日止。

3. 本条规定不适用于按照共同海损分摊程序提起的损害赔偿要求。

第二十六章 适用的法律

第 414 条 对有外国公民或者法人参加的或者有涉外因素的商业海运所产生的关系，应当适用法律的确定

1. 对有外国公民或者法人参加的或者有涉外因素的，其中包括民事权利客体位于俄罗斯联邦境外的商业海运产生的关系所应当适用的法律，依据俄罗斯联邦缔结的国际条约、本法典、其他法律和俄罗斯联邦认可的商业海运习惯确定。

2. 本法典规定合同的双方，可以在签订合同时或者随后根据彼此协议来选择他们的该合同权利与义务所应当适用的法律。对所要适用法律，双方没有协议的，则适用本法典规定；双方有该协议，但不得导致免除或者减轻，承运人依据本法典对造成旅客人身伤亡、货物和行李灭失或者损坏或者其逾期送达应当承担的责任。

第 415 条 船舶所有权和其他物权

1. 船舶所有权和其他物权以及这些权利的产生、转让和终止由船旗国法律确定。

2. 被临时授予悬挂他国旗帜航行权的船舶物权，适用在船旗更换前船舶直接登记国法律。

3. 在建船舶权由接受建造船舶或者正在建造船舶的国家法律确定，如果建造船舶合同没有另行约定。

第416条　船员法律地位

1. 船员的法律地位及与船舶营运有关的船员之间的关系，由船旗国法律确定。

2. 船东与船员之间关系，由船旗国法律调整，如果调整船东与属于外国公民的船员之间关系的合同没有另行约定。

劳动合同双方所选择的应当适用于船东与船员之间关系的法律，与在双方缺乏适用法律的协议时所应当调整该关系的国家的法律规范相比较，不应当导致船员劳动条件的恶化。

第417条　已沉没财产权

1. 在内海或者领海沉没的财产权以及因沉没财产所产生的各种关系，由沉没财产地国法律确定。

2. 对在公海上沉没的船舶、在该船舶上的货物和其他财产适用船旗国法律。

第418条　商业航海方面订立的各合同所产生的关系

1. 由海上货物运输合同、拖带合同、海运代理合同、海运居间合同、海上保险合同、定期租船合同和光船租赁合同产生的各种关系，由双方协议所约定的国家法律调整。由海上旅客运输合同产生的各种关系，由旅客票上指定的国家法律调整。

2. 就应当适用法律双方没有协议约定的，双方合同产生的各种关系由下列一方当事人设有的主要营业地或者居住地所在国家法律调整：

在海上运输合同中，为承运人；

在海运代理合同、定期租船合同和光船租赁合同中，为船东；

在拖带合同中，为拖带船舶船东；

在海运居间合同中，为委托人；

在海上保险合同中，为保险人。

第 419 条　共同海损

1. 就应当适用法律双方没有协议约定的，共同海损产生的各种关系，由在共同海损事故后船舶结束航程停泊港口国法律调整。

因共同海损利益受到损害的所有的人属于同一国家的，适用该国法律。

2. 共同海损分摊程序，如果该共同海损在俄罗斯联邦分摊，则由本法典第十六章规定调整。

第 420 条　船舶碰撞产生的各种关系

1. 在内海或者领海船舶碰撞产生的各种关系，由发生船舶碰撞地国法律调整。

2. 船舶碰撞发生在公海且争议在俄罗斯联邦审查的，适用本法典第十七章规定。

3. 悬挂同一国家旗帜航行的船舶碰撞产生的关系，适用该国法律，而不问船舶碰撞地在何处。

第 421 条　船舶油污损害产生的各种关系

船舶油污造成损害的，本法典第十八章规定适用于：

在俄罗斯联邦领域内造成船舶油污损害，包括其领海和专属经济区；

有关预防和减少该损害的预防措施，而不问该措施在何处采取。

第 422 条　海上运输有害有毒物质造成损害所产生的各种关系

海上运输有害有毒物质造成损害的，本法典第十九章规定适用于：

在俄罗斯联邦领域内包括在其领海内造成的任何损害；

在俄罗斯联邦专属经济区造成环境污染损害；

在俄罗斯联邦领域之外包括其领海之外，造成与环境污染损害不同的其他损害，如果该损害由悬挂俄罗斯联邦国旗的正在航行船舶所装载的有害和有毒物质所造成；

有关预防和减少损害的预防措施，而不问该措施在何处采取。

第 423 条　救助船舶和其他财产所产生的各种关系

1. 对在内海和领海救助船舶和其他财产产生的各种关系所应当适用法律，双方没有协议约定的，适用救助发生地国法律；如果救助作业在公海上且争议审理在俄罗斯联邦，则适用本法典第二十章规定。

2. 救助和被救助船舶悬挂同一国家旗帜航行的，适用船旗国法律，而不问救助发生在何处。

3. 救助船舶船主、该船船长和其他船员之间的报酬分配，适用船旗国法律；如果救助不是从船舶上实施，适用对约定救助者与其工作人员之间关系的合同进行规范的法律。

第 424 条　船舶海事抵押

船舶海事抵押产生和船舶海事抵押担保要求受偿顺序，适用审理争议的法院地国法律。

第 425 条　船舶或者在建船舶的不动产抵押

船舶或者在建船舶不动产抵押的设立，和由已登记的船舶或者在建船舶不动产抵押担保债务所产生要求的受偿顺序，由不动产抵押登记国法律调整。

第 426 条　船东责任范围

船东的责任范围由船旗国法律确定。

第 427 条　俄罗斯联邦缔结的国际条约

俄罗斯联邦缔结的国际条约规定与本法典规定不同的，适用国际条约规定。

第二十七章　最后条款

第428条　本法典生效

1. 本法典自 1999 年 5 月 1 日起生效。

2. 下列法律自 1999 年 5 月 1 日起失效：俄罗斯联邦最高苏维埃 1993 年 3 月 3 日第 4604-1 号决议《关于在俄罗斯联邦领域内适用苏联法律的若干问题》第 8 款（苏联海商法典的适用条款方面），（《俄罗斯联邦人民代表大会和俄罗斯联邦最高苏维埃公报》1993 年第 11 期，第 393 号；《俄罗斯联邦法律汇编》1996 年第 5 期，第 411 号；1997 年第 12 期，第 1383 号）。

3. 下列法律文件，自 1999 年 5 月 1 日起在俄罗斯联邦领域内不再适用：

苏联最高苏维埃主席团 1968 年 9 月 17 日第 3095-7 号令《关于批准苏联海商法典》（《苏联最高苏维埃公报》1968 年第 39 期，第 351 号）；

苏联法律 1968 年 12 月 13 日第 3404-7 号《关于批准苏联最高苏维埃主席团令〈关于批准苏联海商法典〉》（《苏联最高苏维埃公报》1968 年第 51 期，第 488 号）；

苏联最高苏维埃主席团 1974 年 5 月 20 日第 6001—8 号令《有关将补充列入苏联海商法典内》（《苏联最高苏维埃公报》1974 年第 22 期，第 324 号）；

苏联法律 1974 年 7 月 26 日第 6-9 号《关于批准苏联最高苏维埃主席团令〈关于将若干修改和补充列入苏联法律内〉》第 7 段（《苏联最高苏维埃公报》1974 年第 31 期，第 471 号）；

苏联最高苏维埃主席团 1982 年 7 月 27 日第 7599-10 号令《关于将修改和补充列入苏联海商法典内》（《苏联最高苏维埃公报》1982 年第 31 期，第 588 号）；

苏联法律 1982 年 11 月 24 日第 8323-10 号《关于批准苏联最高苏维埃主席团令〈关于将修改和补充列入若干苏联法律文件内〉》第 10 段内（《苏联最高苏维埃公报》1982 年第 48 期，第 896 号）；

苏联最高苏维埃主席团 1987 年 12 月 2 日第 8089-11 号令《关于将修改和补充列入与苏联法律〈关于国有企业（联合企业）〉有关的某些苏联法律文件内》第 2 款（《苏联最高苏维埃公报》1987 年第 49 期，第 791 号）。

4. 在俄罗斯联邦领域内调整商业航海关系的现行的各种法律和其他规范性法律文件在其修订使之与本法典相一致前，俄罗斯联邦各种法律和其他规范性法律文件，以及按照俄罗斯联邦法律规定的范围和程序所确定的在俄罗斯联邦领域适用的苏联各种法律文件，仅限于与本法典不相抵触部分才适用。

本法典生效前颁布的俄罗斯联邦总统签署的各种规范性法律文件、俄罗斯联邦政府的各种规范性法律文件和在俄罗斯联邦领域适用的依据本法典仅就联邦法律才能够调整事项的苏联政府各种法令，在相应法律生效之前有效。

第 429 条　本法典规定的适用程序

1. 本法典规定适用于其生效后由商业航海所产生的各种关系。

对于本法典生效前由商业航海所产生的各种关系，本法典规定适用于其生效后所产生的各种权利和义务。

2. 本法典规定的若干种类合同特定内容规则，适用于本法典生效后订立的合同。

第 430 条　依据本法典调整规范性文件

建议俄罗斯联邦总统并委托俄罗斯联邦政府依据本法典制定各自的法律文件。

> 俄罗斯联邦总统
> Б. 叶利钦
> 莫斯科，克里姆林宫
> 1999 年 4 月 30 日
> 联法第 81 号

注①：根据黄道秀教授译的《俄罗斯联邦民法典》第 5 章，将"МУНИЦИПАЛЬНОЕ ОБРАЗОВАНИЕ"译为地方自治组织。

注②：参见黄道秀教授译的《俄罗斯联邦民法典》第 113 条。

注③："учредительный документ"参见黄道秀教授译的《俄罗斯联邦民法典》第 52 条译。设立文件系指法人活动的基本文件。

注④：类似汽车登记证的证明船舶所有权的证件。

注⑤：确权证书是指由国家有关机关颁发并确认权利持有者权利和义务证书，是国家权利登记的证明根据，如特定方式的不动产买卖合同、有关公证书和判决书等。任何不动产交易只有存在确权证书才有可能。由于其重要，所以将其比喻为公民身份证件，公民没有身份证件不得从事具有法律意义的行为，不动产没有确权证书不得买卖或者交换。

注⑥：根据该条例规定，证明书种类包括船舶驾驶员证书、船长证书、大副证书、值班大副证书、一、二、三等轮机员证书、一、二、三等电气机械师证书、全球海事通讯系统一、二等无线电电子学专家证书、全球海事通讯系统报务员证书、一、二等无线电报务员证书、无线话务员证书和船医证书。

注⑦：根据该条例规定，专业技能合格证书种类包括水手、机械工、车工机械工、电工的专业技能合格证书。

注⑧：引航服务部门，根据俄罗斯联邦《海事术语词典》解释，是指在特定区域即在需要具有当地航行环境的精确知识地方被赋予船舶航行安全责任的国家机构。引航服务部门也对该区域的航行规则遵守实施监督。将国家海上引航员联合一起并经引航站系统实施引航。

注⑨：商品处分文书，根据俄联邦民法典（第224条第3款）规定和俄罗斯百科词典等解释，属于有价证券。除了提单外，复式仓单、抵押单据、单式仓单等也属于商品处分文书。

注⑩：本人将"Общее морское предприятие"译为共同海事。

本人将俄文版1994年《约克-安特卫普规则》中B规则翻译如下：

"共同海事，是指数艘船舶都参加商业活动而不是救助作业情况下，当一艘或者数艘船舶拖带或者顶推其他一艘或者数艘船舶的事宜。

当采取措施为了保护数艘船舶及其货物（如有货物的）避免共同危险的，则该规则应当有效。

经一艘与其他一艘或者几艘船舶脱离，该艘船舶处于安全状态的，一艘船舶与其他一艘或者数艘船舶结合一起不处于共同危险，但是这种脱离本身是共同海损行为的，则共同海事继续存在。"

中文译本1994年《约克-安特卫普规则》，将B规则中的本人上述所译的"共同海事"译为同一航程或共同航程，特此说明。

注⑪：赔偿价值，即我国海商法称为分摊价值。

注⑫：借鉴黄道秀教授译的《俄罗斯联邦民法典》的译法（见该法典第11条）。根据俄罗斯联邦法学词典等解释，公断庭（仲裁）是指审理经济（民事）争议的非国家机关，如果双方有协议交付其审理。

注⑬：俄罗斯联邦所参加的相应的公约为 1993 年海事抵押和不动产抵押国际公约，中文译名为 1993 年船舶优先权和抵押权国际公约，二者所译名称之所以不同，因为在该公约的俄文版中"МОРСКИе ЗАЛОГи"，译者很难将其译为"船舶优先权"，在俄文中"优先权"为"приоритет"或"преимущество"。另有，黄道秀教授等译的《俄罗斯联邦民法典》（见第 23 章第 3 节）将"ЗАЛОГи"译为"抵押"，译《俄罗斯联邦海商法典》应当按照该民法典的译名走。

注⑭：借鉴黄道秀教授译的《俄罗斯联邦民法典》的译法（见该法典第 334 条），故将"морский залог на судно"译为"船舶海事抵押"；将"ипотека судна или строящегося судна"译为船舶或者在建船舶不动产抵押。

注⑮："дисбурсментские расходы"，根据该国法学词典解释为，船舶停泊在港口时应支付的服务于船舶的费用，包括各种港务费、装卸作业费、拖带服务费、供应食品费等。

附件一：俄罗斯联邦宪法法院就个别
条款的违宪审查决议

俄罗斯联邦宪法法院决议

2004 年 4 月 6 日法第 7 号

因国际社会团体俄罗斯海上引航员协会和非商业自治组织圣彼得堡海上引航员协会申诉，就《俄罗斯联邦海商法典》第 87 条第 2 款规定和俄罗斯联邦政府 2001 年 7 月 17 日第 538 号决定《关于非国家机构组织的船舶引航业》的合宪性审查案

以俄罗斯联邦名义

在俄罗斯联邦宪法法院，审判组成成员有：担任主席的阿·亚·斯利瓦；法官有恩·斯·邦达里、格·阿·哈吉耶夫、阿·尔·科诺诺夫、勒·奥·克拉萨奇科娃、尤·德·鲁德金、夫·格·斯特列科佐夫、布·斯·埃勃谢耶夫、夫·格·雅罗斯拉夫采夫。

同时参加的有：向俄罗斯联邦宪法法院提起申诉的当事人代表，国际社会团体俄罗斯海上引航员协会会长和非商业自治组织圣彼得堡海上引航员协会引航指挥员夫·伊·叶戈尔金、法学博士阿·普·谢尔盖耶夫、律师伊·阿·马卡罗夫和克·

夫·伊万诺夫，以及国家杜马在俄罗斯联邦宪法法院常驻代表耶·布·米祖莉娜、联邦委员会在俄罗斯联邦宪法法院的全权代表尤·阿·沙拉金、俄罗斯联邦总统在俄罗斯联邦宪法法院的全权代表姆·阿·米尤科夫，和俄罗斯联邦政府在俄罗斯联邦宪法法院的全权代表姆·尤·巴尔谢夫斯基。

遵循俄罗斯联邦宪法第 125 条（第 4 款）和联邦宪法性法律《关于俄罗斯联邦宪法法院》第 3 条第 1 部分第 3 款、第 3 部分和第 4 部分、第 22 条第 2 部分第 3 款、第 36 条、第 74 条、第 86 条、第 96 条、第 97 条和第 99 条，在公开会议上审查案件——就《俄罗斯联邦海商法典》第 87 条第 2 款规定和俄罗斯联邦政府 2001 年 7 月 17 日第 538 号决定《关于非国家机构组织的船舶引航业》的合宪性审查。

国际社会团体俄罗斯海上引航员协会和非商业自治组织圣彼得堡海上引航员协会申诉是审查案件的根据。在申诉所争议的法律规定是否符合俄罗斯联邦宪法的问题中，发现不明确是审查案件的理由。

听取了法官报告人阿·尔·科诺诺夫报告、当事人代表的解释、专家——法学博士格·格·伊万诺夫的意见、应邀出席会议的俄罗斯联邦运输部代表阿·阿·列先科发言，并研究了提交的各种文件和其他资料后，俄罗斯联邦宪法法院

查 明：

1. 2001 年 10 月国际社会团体俄罗斯海上引航员协会和非商业自治组织圣彼得堡海上引航员协会，向俄罗斯联邦最高法院提出申请，请求认定俄罗斯联邦政府 2001 年 7 月 17 日第 538 号决定《关于非国家机构组织的船舶引航业》为违法。因为他们

认为，俄罗斯联邦政府作出的只允许非国家机构组织在规定名录的海港内才能从事船舶引航的决定，违法限制这些组织为国家引航服务的活动范围。俄罗斯联邦最高法院上诉委员会没有变更该院的判决，以下列为根据拒绝满足申请要求：俄罗斯联邦政府的决定，依据《俄罗斯联邦海商法典》第 87 条第 2 款颁发，没有违反现行法律，而限制非国家机构组织的船舶引航服务活动以国防和国家安全需要为根据。

国际社会团体俄罗斯海上引航员协会和非商业自治组织圣彼得堡海上引航员协会，在向俄罗斯联邦宪法法院申诉中，对《俄罗斯联邦海商法典》第 87 条第 2 款的合宪性有争议。依据该款，海上引航员是引航服务的国家机构工作人员；船舶引航的非国家机构组织考虑到俄罗斯联邦政府确定的特殊性设立；准许非国家机构组织从事船舶引航业的港口名录，由俄罗斯联邦政府规定。

根据申诉人的意见，上述规定无根据地限制非国家机构组织的船舶引航业务，按照非国有标准对他们实行歧视，将国家引航服务引向垄断，限制了经营和其他经济活动的自由，以及限制了引航员自由支配自己劳动能力的权利和自由选择业务种类和职业的权利，即与俄罗斯联邦宪法第 8 条、第 34 条、第 37 条和第 55 条相抵触。

按照相同理由，在申诉中，对俄罗斯联邦政府的决定《关于非国家机构组织的船舶引航业》也存在合宪性争议。该决定由俄罗斯联邦政府为履行《俄罗斯联邦海商法典》这一联邦法律赋予其权能所作出，并与该法典处于同一法律规范中。因此，鉴于俄罗斯联邦宪法法院的法律地位，对这一部分申诉可以视为许可。关于这种许可，在 2004 年 1 月 27 日就《俄罗斯联邦民事诉讼法典》第 27 条第 1 款第 2 项，第 251 条第 1 款、第 2

款和第4款，第253条第2款和第3款某些规定的合宪性审查案所作决议中已作叙述。

这样，下列规定为本案审查对象：《俄罗斯联邦海商法典》第87条第2款，和与该条款处于同一法律规范的俄罗斯联邦政府2001年7月17日第538号决定《关于非国家机构组织的船舶引航业》。该些规范调整非国家机构组织的船舶引航业，其中包括允许这些非国家机构组织仅在特定海港内活动。

2. 俄罗斯联邦宪法保障作为俄罗斯联邦宪法基本制度之一的经济活动自由原则（第1部分第8条），并规定使用各种不同方式从事经济活动的可能性。由该法上述两条尤其是该法第34条得出，每个人都享有权利，可以自由利用自己的能力和财产来从事经营活动和未被法律禁止的其他经济活动。

宪法该规定在《俄罗斯联邦海商法典》中得到规范具体化。该法典详细规定了商业航海所产生的关系包括财产关系，还规定了这些关系其中包括与船舶引航活动有关的关系（第2条）以商业航海参与者的平等、意思自治和财产自主为根据（第1条）。

船舶引航，依据《俄罗斯联邦海商法典》，追求目的为保障船舶航行安全、预防船舶事故和保护海洋环境，并应当由满足海上引航员规定要求的海上引航员实施。而有关该海上引航员的规定由联邦运输行政管理机关会同联邦国防行政管理机关和联邦渔业行政管理机关协商同意后批准（第86条和第87条）。从事引航业的权利，由海港港务主任颁发的在特定区域船舶引航的海上引航员证书得到证明，这必须对引航员的职业技能、职业培训、年龄、健康、受教育程度和其他条件是否符合国家规定要求先行审查。在强制或者非强制引航员引航区域，在船舶航行过程中，海上引航员给船长提供必要的信息和建议，即给予非物质服务，而船东同样也得支付引航费，其引航费金额按照俄罗斯联邦法律规定的程序确定（第106条）。

海上引航员实施船舶引航，或者作为引航服务的国家机构工作人员，或者在行使未被法律禁止的宪法经济活动权利时，作为船舶引航的非国家机构组织工作人员。该类工作人员可以在民事法律规定的各种合法创办方式中产生。

这样，船舶引航是船舶营运中不可缺少的职能，引导达到社会有益目标。而引航员，不论他们属于国家引航服务或者属于非国家机构组织的船舶引航都得承担公法性质的系列责任。这些责任是对于造成航海和环境危险的情况和事故，其中包括航道变更、船舶事故、船长不履行船舶航行规则和生态安全要求必须通知海港港务主任（《俄罗斯联邦海商法典》第92条）。

鉴于正是公共利益构成这种活动的基础，所以国家在允许非国家机构组织从事船舶引航活动同时，应当创建履行这种职能的条件。这就意味着必须赋予他们相应地位，和规定不当引航造成损害的赔偿程序。

对于国家机构船舶引航服务和对于非国家机构组织船舶引航，国家同时实施监督和检查，其中包括对他们遵守安全要求监督和检查。这样，鉴于《俄罗斯联邦海商法典》第88条第2款规定，有关联邦行政管理机关可以作出终止非国家机构组织船舶引航决定，如果他们的技术装备、工作人员数量和专业技能不符合要求。

这样，现行法律对国家机构船舶引航服务和非国家机构组织船舶引航提出统一要求。

3. 由法制国家的公平和正义宪法原则所产生的对立法者提出的立法要求为，法律规范应当确定、明晰、无歧义并且该规范与现行法律调整体系相协调。

根据确认最高法律地位原则的《俄罗斯联邦宪法》第4条

（第2部分）和第15条（第1部分）的含义，在与该宪法第115条（第1部分）规定和联邦宪法性法律《关于俄罗斯联邦政府》（第2条和第3条）的规定系统一致中，亦即在与上述"两法"这些条款的有关指令俄罗斯联邦政府根据并为执行《俄罗斯联邦宪法》、联邦法律和俄罗斯联邦总统规范性命令来行使制定法律规范职权的规定的系统一致中，法律调整的确定性和不相抵触的原则也扩及于，立法者用来委托俄罗斯联邦政府该职权或其他职权的法律规范。

假设另一种意见表示，立法者有权交给俄罗斯联邦政府范围不确定的职权，而俄罗斯联邦政府也有权用任意方式行使这种职权，这就违反国家立法、执行和司法权分立原则（《俄罗斯联邦宪法》第10条）。这一原则先须有法律调整的立法权划分，该权归联邦议会，保障法律执行权归俄罗斯联邦政府。

因此，对《俄罗斯联邦海商典》第87条第2款规定，和与该条款处于同一规范的俄罗斯联邦政府决定《关于非国家机构组织的船舶引航业》，就包含在这些条款中的规范其中包括用来委托俄罗斯联邦政府相应职权的规范的确定性应当重新评价。

3.1《俄罗斯联邦海商法典》第87条第2款第1段，关于海上引航员是引航服务部门的国家机构工作人员的规定为强制规范。按照该规范字面含义，不是引航服务部门的国家机构工作人员的人不具有海上引航员资格。

与此同时，《俄罗斯联邦海商法典》第87条同款第2段和第3段以及第88条，不仅承认建立船舶引航的非国家机构组织的自身可能性，而且还调整了国家对他们活动的监督程序，这就不允许将引航业仅与国家机构相联系。俄罗斯联邦政府在自己的决定《非国家机构组织的船舶引航业》中同样由此得出。还有，俄罗斯联邦最高法院，在其有关判决中也可得出。该院于 2001 年 8 月 1 日判决，认定 1973 年 4 月 26 日决定《关于国家海上引航员》规定中涉及仅由国家海上引航员实施船舶引航那部分，自《俄罗斯联邦海商法典》生效之日起无效和不产生法律后果。

这样，《俄罗斯联邦海商法典》第 87 条第 2 款第 1 段规定不能被视为明晰的和确定的。在现行法律调整体系下，并考虑到法律适用实际所赋予第 87 条第 2 款具有的含义，并未排除允许非国家机构组织引航员引航活动。因此，该款规定与《俄罗斯联邦宪法》第 19 条和第 34 条（第 1 部分）相抵触。

3.2《俄罗斯联邦海商法典》第 87 条第 2 款第 2 项规定，船舶引航的非国家机关组织，"考虑到俄罗斯联邦政府确定的特殊性和本法典、俄罗斯联邦其他法律文件所规定的要求设立。"该规定表示着，上述特殊性缺乏明确法律规范，对于该机构设立是不可逾越的障碍。该不确定性经查找俄罗斯联邦其他法律文件也未排除，因为无论是《俄罗斯联邦海商法典》还是其他任何法律文件，都未规定船舶引航的非国家机构组织设立的特殊性，连涉及的有关内容也没有。

依据 1996 年 1 月 12 日联邦法律《关于非商业组织》，该组织的法律地位的特殊性由联邦法律（第 6 条第 3 款）确定。对于商业组织，类似要求包括在《俄罗斯联邦民法典》（第 87 条、第 107 条和第 113 条）和 1995 年 12 月 26 日联邦法律《关于股份公司》（第 1 条）中。可是，《俄罗斯联邦海商法典》对船舶引航的非国家机构组织设立、法律地位和活动未划分任何特殊性，同样在第 6 章中对海上引航员（不论他们属于国家机构引航服务还是属于非国家机构组织船舶引航）、他们的职责、与船长关系规则、船舶不当引航责任、征收引航费的数量和程序等诸如此类规定了统一要求。赋予海上引航员某些"公法性质职责"，也不以引航业的国家或者非国家性质为先决条件，而是在同等程度上没有例外地属于所有引航员。

这样，联邦立法者就船舶引航非国家机构组织的特殊性未确定标准和方向，而是将此留给俄罗斯联邦政府处理，这样就不排除对范围和内容任意解释的可能性。这意味着俄罗斯联邦政府用决定来限制权利和自由——与《俄罗斯联邦宪法》第 19 条、第 34 条（第 1 部分）和第 55 条（第 3 部分）不相符合。

3.3 依据《俄罗斯联邦海商法典》第 87 条第 2 款第 3 段，准许非国家机构组织从事船舶引航业的港口名录，由俄罗斯联邦政府规定。这表示，在未被列入名录内的海港，非国家机构组织从事船舶引航业不予许可。

因此，从委托俄罗斯联邦政府职权——限制在某些港口从事引航业的这一观点看，上述规范也是不确定的和无根据的。在该规范中，正如在《俄罗斯联邦海商法典》其他规范中一样，对于允许（或者不允许）非国家机构组织从事船舶引航业的海港名录建立的目的和必要根据，立法者未规定。就是在俄罗斯联邦政府决定《关于非国家机构组织的船舶引航业》中，也未能举出准许列入非国家机构组织从事船舶引航业的某些海港名录内根据。

这样，上述列举的规定都不符合《俄罗斯联邦宪法》所产生的明确和无歧义的法律规范要求。这与《俄罗斯联邦宪法》第 19 条、第 34 条（第 1 部分）和第 55 条（第 3 部分）相抵触。

4. 俄罗斯联邦宪法法院在自己的判决中反复指出，法律规范内容的不确定性，不能保障对其理解一致，造成用自己职权滥用行政权的可能，产生法律适用实际中的矛盾，削弱宪法权利和对自由的保护，可以导致任意，因而也违反平等原则以及法律最高地位原则。只要法律规范的确定性要求被自身违反，导致该规范由法律使用者任意解释，对于认定该规范不符合《俄罗斯联邦宪法》就足够了。（1995 年 4 月 25 日《关于〈俄罗斯苏维埃社会主义共和国住房法典〉第 54 条第 1 部分和第 2 部分合宪性审查案决议》；2001 年 7 月 5 日《关于国家杜马 2000 年 6 月 28 日国杜第 492-3 号决定〈关于将变更列入俄罗斯联邦议会国家杜马决定——因 1941~1945 年伟大卫国战争胜利 55 年而宣布特赦决定内〉的合宪性审查案的决议》，等等）。

由于《俄罗斯联邦海商法典》第 87 条第 2 款规定，和与该条款处于同一法律规范的俄罗斯联邦政府的决定《关于非国家机构组织的船舶引航业》，在现行的规范调整体系中产生法律的不确定性——导致法律使用者任意解释它，所以上述规定与俄罗斯联邦宪法第 19 条、第 34 条（第 1 部分）和第 55 条（第 3 部分）相抵触。

根据以上叙述和遵循联邦宪法性法律《关于俄罗斯联邦宪法法院》第 71 条第 1 部分和第 2 部分、第 72 条、第 74 条、第 75 条、第 79 条和第 100 条，俄罗斯联邦宪法法院。

决　议：

1. 认定《俄罗斯联邦海商法典》第 87 条第 2 款规定，和与该条款处于同一法律规范的俄罗斯联邦政府 2001 年 7 月 17 日第 538 号决定《关于非国家机构组织的船舶引航业》，不符合俄罗斯联邦宪法第 19 条、第 34 条（第 1 部分）和第 55 条（第 3 部分）。

依据联邦宪法性法律《关于俄罗斯联邦宪法法院》第 80 条，联邦立法者应当按照规定程序依据本决议调整非国家机构组织的船舶引航业。

2. 本决议为终裁决议，不得上诉，宣布后立即生效，也不需要由其他机关和公职人员证明而直接有效。

3. 依据联邦宪法性法律《关于俄罗斯联邦宪法法院》第78条，本决议应当立即公布在《俄罗斯报》和《俄罗斯联邦法律汇编》上。本决议也应当公布在《俄罗斯联邦宪法法院公报》上。

俄罗斯联邦宪法法院

附件二：《俄罗斯联邦海商法典》的修改

第 1 次修改

2001 年 5 月 26 日联法第 59 号联邦法律
《关于将变更列入〈俄罗斯联邦海商法典〉第 5 条第 4 款内》

国家杜马 2001 年 4 月 25 日通过

第 1 条　对 1999 年 4 月 30 日联法第 81 号联邦法律《俄罗斯联邦海商法典》（《俄罗斯联邦法律汇编》1999 年第 18 期，第 2207 号）第 5 条第 4 款叙述作下列修正后，将该修正列入该法典上述条款内：

"4. 海路的航海水文地理保障，除了北方海路航线外，由联邦国防行政管理机关实施。

北方海路航线的航海水文地理保障，由联邦运输行政管理机关实施。"

第 2 条　本联邦法律自其正式公布之日起生效。

俄罗斯联邦总统

B. 普京

莫斯科，克里姆林宫

2001 年 5 月 26 日

联法第 59 号

第 2 次修改

2003 年 6 月 30 日联法第 86 号联邦法律
《关于将修改和增补列入俄罗斯联邦某些法律文件内、
关于认定俄罗斯联邦某些法律文件无效、
关于因采取完善国家管理措施，给内务机关的、
麻醉剂和精神药物流转监督机关的和被撤销的联邦税务
警察机关的工作人员提供某些保障》

国家杜马 2003 年 6 月 18 日通过

联邦委员会 2003 年 6 月 26 批准

第 1 条至第 37 条（略）

第 38 条　在《俄罗斯联邦海商法典》（《俄罗斯联邦法律汇编》1999 年第 18 期，第 2207 号）第 80 条第 1 款第 3 项中，在字样"边防机关"后增补字样"、联邦安全部门"。

第 39 条至第 59 条（略）

第 60 条　本联邦法律自 2003 年 7 月 1 日起生效。

俄罗斯联邦总统

B. 普京

莫斯科，克里姆林宫

2003 年 6 月 30 日

联法第 86 号

第 3 次修改

2004 年 11 月 2 日联法第 127 号联邦法律
《关于将变更列入〈俄罗斯联邦税法典〉第 1 部分和
第 2 部分和俄罗斯联邦某些其他法律文件内，关于认定
俄罗斯联邦某些法律（法律文件某些规定）无效》

国家杜马 2004 年 10 月 20 日通过

联邦委员会 2004 年 10 月 27 日批准

第 1 条至第 14 条（略）

第 15 条

将下列变更列入《俄罗斯联邦海商法典》（《俄罗斯联邦法律汇编》1999 年第 18 期，第 2207 号）：

（1）将第 29 条第 7 款叙述作下列修正：

"7. 颁发本条第 1 款、第 2 款、第 5 款和第 6 款中规定证件应缴纳国家税，其数额和程序由关于税款和征收的俄罗斯联邦法律规定。颁发本条第 3 款和第 4 款中规定证件，按照俄罗斯联邦政府规定程序所确定的收费标准征收费用。"

（2）将第 36 条的叙述作下列修正：

"第 36 条 国家税 在国家船舶登记簿、船舶登记簿和光船租赁登记簿中登记和在各登记簿中作任何变更登记应缴纳国

家税，其数额和程序由关于税款和征收的俄罗斯联邦法律规定。"

第 16 条至第 22 条（略）

第 23 条

本联邦法律自 2005 年 1 月 1 日生效，但是最早经其正式公布之日起一个月期满后。

第 24 条（略）

第 25 条（略）

俄罗斯联邦总统

B. 普京

莫斯科，克里姆林宫

2004 年 11 月 2 日

联法第 127 号

第 4 次修改

2005 年 12 月 20 日联法第 168 号联邦法律
《关于因设立俄罗斯国际船舶登记簿，
故将变更列入俄罗斯联邦某些法律文件内》

国家杜马 2005 年 11 月 23 日通过

联邦委员会 2005 年 12 月 7 日批准

第 1 条

将下列变更列入《俄罗斯联邦海商法典》（《俄罗斯联邦法

律汇编》1999 年第 18 期，第 2207 号；2004 年第 45 期，第 4377 号）：

（1）在第 4 条中：

第 1 款增加字样"，在俄罗斯国际船舶登记簿中已登记的船舶除外"；

第 2 款在"可以由悬挂外国旗航行的船舶"后增加字样"，以及由在俄罗斯国际船舶登记簿中已登记的船舶"。

（2）对第 14 条第 2 款、第 16 条第 2 款、第 19 条第 1 款、第 20 条第 1 款，"在国家船舶登记簿"字样后，增加字样"、俄罗斯国际船舶登记簿"。

（3）将第 22 条增加第 4 款，内容如下：

"4. 在俄罗斯国际船舶登记簿已登记船舶的技术监督，和根据船舶所有人的选择对该类船舶的定级，由船舶技术监督和定级机构，或者俄罗斯联邦政府依据俄罗斯联邦缔结的国际条约赋予必要权能的外国船舶定级协会实施。"

（4）在第 33 条中：

将第 1 款增加字样，内容如下：

"俄罗斯国际船舶登记簿；"；

第 2 款增加数段，内容如下：

"已登入俄罗斯国际船舶登记簿船舶的所有权和其他物权，以及在该船舶上的设置权利限制（负担）（抵押、委托管理和其他），应当在俄罗斯国际船舶登记簿中进行登记，但是，根据没有乘务组的船舶租赁合同（光船租赁合同），已被租船舶的这些权利和在该船舶上设置的权利限制除外。

设置有权利限制（负担）的船舶在俄罗斯国际船舶登记簿中登记，或者该船舶从上列登记簿中注销，经设置有关权利限制（负担）的利益人的书面同意实施。"；

在第3款"在国家船舶登记簿"字样后，增加字样"、俄罗斯国际船舶登记簿"；

增加第7款，内容如下：

"7. 从事货物、旅客及行李国际运输的，以及提供与上述运输相关的其他服务的各种船舶，在俄罗斯国际船舶登记簿中进行登记。提供上述各种服务的出租船舶，也列为用于货物、旅客及其行李国际运输的船舶。

本段失效——见2011年6月14日联法第141号联邦法律。"

（5）将第35条增加第3款，内容如下：

"3. 在俄罗斯国际船舶登记簿中船舶登记，由商业海港的港务主任实施。这类海港的名录由俄罗斯联邦政府批准。"

（6）将第36条叙述修正如下：

"第36条国家税在国家船舶登记簿、俄罗斯国际船舶登记簿、船舶登记簿或者光船租赁登记簿中登记，和在各登记簿中作任何变更，以及在俄罗斯国际船舶登记簿的船舶登记年度审核，缴纳国家税，其范围和程序由俄罗斯有关税款和征收方面的法律规定。"

（7）在第37条中：

在第2款各格中的字样"国家船舶登记簿"之后，在相应各格中增加字样"、俄罗斯国际船舶登记簿"（这里的格系指俄语语法中的格，下同——译者注）；

增补第3款，内容如下：

"3. 船舶在俄罗斯国际船舶登记簿中登记，可以有确定船舶登记期限并附有下次延长该期限的权利，或者也可不确定船舶登记期限。

在俄罗斯国际船舶登记簿中的船舶登记，应当要年度审核。在该登记簿中的年度船舶登记审核程序，由在商业海港的船舶和船舶权利的登记规则规定。

依据没有乘务组的租船合同（光船租赁合同）提供给俄罗斯租船人的船舶，其在俄罗斯国际船舶登记簿的登记期限，不得超过该合同的有效期限或者该船悬挂外国旗航行权终止期限。此时，上述两种期限取最短的计算。"

（8）在第 38 条中：

将标题名称的叙述修正如下：

"第 38 条依据没有乘务组的船舶租赁合同（光船租赁合同）承租船舶的登记"；

第 1 款第 1 项和第 2 款在"光船租赁登记簿"字样后增补字样"或者俄罗斯国际船舶登记簿"。

（9）在第 40 条中：

将标题名称的叙述修正如下：

"第 40 条应当要载入光船租赁登记簿或者俄罗斯国际船舶登记簿的资料"；

增加第 3 款和第 4 款，内容如下：

"3. 在俄罗斯国际船舶登记簿中，用船舶所有人的名义或者用光船租赁合同承租人的名义进行登记。

4. 用船舶所有人的名义在俄罗斯国际船舶登记簿登记时，应载明本法典第 39 条第 2 款和第 3 款规定的资料。

用光船租赁合同船舶承租人的名义在俄罗斯国际船舶登记簿登记时，载明本条第 2 款规定的资料。"

（10）第 41 条在"国家船舶登记簿、"字样后，增补字样"俄罗斯国际船舶登记簿"；

（11）在第 42 条中：

标题名称在"国家船舶登记簿"字样后，增补字样"、俄罗斯国际船舶登记簿"；

在"国家船舶登记簿"字样后,增加字样"、俄罗斯国际船舶登记簿";

(12)第43条和第44条在各格中的字样"国家船舶登记簿"之后,在相应各格中增补字样"、俄罗斯国际船舶登记簿"。

(13)在第47条中:

将标题名称叙述修正如下:

"第47条船舶从国家船舶登记簿、俄罗斯国际船舶登记簿或者船舶登记簿中注销登记"

将第1款第1段叙述修正如下:

"1. 船舶具有下列情形之一的,船舶从国家船舶登记簿、俄罗斯国际船舶登记簿或者船舶登记簿中注销登记:";

将第5段增补字样"(以光船租赁合同的船舶承租人的名义在俄罗斯国际船舶登记簿中登记的船舶除外)";

增补第2款,内容如下:

"2. 具有下列根据的,在俄罗斯国际船舶登记簿中已登记的船舶,也应当从该登记簿中强制注销登记:

船东的申请;

本段失效——见2011年11月7日联法第305号联邦法律;

本法典第37条第3款规定的船舶登记期限期满;

船东在俄罗斯国际船舶登记簿中实施船舶登记年度审核时,逾期缴纳国家税款。"

(14)将第249条增补第3款,内容如下:

"3. 对于在俄罗斯国际船舶登记簿中已登记的船舶,与商业海运有关的各种财产利益保险,其中包括在俄罗斯境内的财产利益保险,按照船东选择,可以向按照法定程序获得许可证的俄罗斯保险人投保,也可以向外国保险人投保。"

（15）在第 377 条第 4 款第 2 项、第 3 项和第 6 款、第 378 条、第 380 条第 2 款、第 381 条第 2 款各格中的字样"国家船舶登记簿"之后，在相应各格中增补字样"、俄罗斯国际船舶登记簿"。

（16）在第 383 条第 1 款和第 2 款的字样"国家船舶登记簿"后，增补字样"、俄罗斯国际船舶登记簿"。

（17）在第 386 条第 5 款第 3 项的字样"国家船舶登记簿"后，增补字样"、俄罗斯国际船舶登记簿"。

第 2 条

（略）

第 3 条

（略）

第 4 节

1. 本联邦法律自其正式公布之日起生效，但是本联邦法律第 2 条和第 3 条除外。

2. 本联邦法律第 2 条自 2006 年 1 月 1 日起生效，但是最早也得经其正式公布之日起一个月期满后。

3. 本联邦法律第 3 条自其正式公布之日起 1 个月期满后生效。

俄罗斯联邦总统

B. 普京

莫斯科，克里姆林宫

2005 年 12 月 20 日

联法第 168 号

第 5 次修改

2006 年 12 月 4 日联法第 201 号联邦法律《关于〈俄罗斯联邦森林法典〉生效》

国家杜马 2006 年 11 月 8 日通过
联邦委员会 2006 年 11 月 24 日批准

第 1 条至第 24 条（略）

第 25 条

在《俄罗斯联邦海商法典》（《俄罗斯联邦法律汇编》1999年第 18 期，第 2207 号）第 9 条第 3 款第 1 项中，将字样"林木"用字样"木材"代替。

第 26 条至第 39 条（略）

第 40 条

1. 本联邦法律自其正式公布之日起生效，但是第 19 条、第20 条、第 24 条、第 26 条至第 29 条、第 31 条、第 34 条、第 38条、第 39 条除外。

2. 本联邦法律第 19 条、第 20 条、第 24 条、第 26 条至第28 条、第 31 条、第 34 条、第 38 条、第 39 条自《俄罗斯联邦森林法典》生效之日起生效。

3. 本联邦法律第 29 条自 2007 年 1 月 1 日起生效，但是最早也得经其正式公布之日起 1 个月后。

俄罗斯联邦总统

B. 普京

莫斯科，克里姆林宫

2006 年 12 月 4 日

联法第 201 号

第 6 次修改

2007 年 11 月 8 日联法第 261 号联邦法律 《关于俄罗斯联邦海港和关于将变更列入 俄罗斯联邦某些法律文件内》

国家杜马 2007 年 10 月 16 日通过
联邦委员会 2007 年 10 月 26 批准

第 1 章　总　则

第 1 条　本联邦法律调整对象（略）
第 2 条　对与海港活动有关关系的法律调整（略）
第 3 条　海港习惯（略）
第 4 条　本联邦法律使用的基本概念（略）
第 5 条　海港范围（略）

第 2 章　海港的建设、扩建、开港和封港

第 6 条　海港的建设和扩建（略）
第 7 条　为了提供服务，海港的开港和封港（略）

第 3 章　海港活动的国家调控

第 8 条　海港活动的国家调控原则（略）
第 9 条　俄罗斯联邦海港登记簿（略）
第 10 条　海港行政机关和海港港务主任（略）
第 11 条　海港行政机关的职权（略）

第 12 条 海港行政机关的文件（略）

第 13 条 在海港和入港航道的船舶航行和停泊共同规则（略）

第 14 条 海港行政命令（略）

第 15 条 海港安全保障（略）

第 16 条 对海港基础设施占有者的基本要求（略）

第 4 章　在海港提供服务的根据，在海港的服务费率

第 17 条 在海港提供服务规则（略）

第 18 条 海港服务费率（略）

第 19 条 港务费（略）

第 5 章　在海港提供货物转运服务的特殊性

第 20 条 货物转运合同（略）

第 21 条 货物接收和交付的特殊性（略）

第 22 条 保证将货物从海港运走（略）

第 23 条 货物留置权（略）

第 24 条 航海转运站运营商的责任根据（略）

第 25 条 赔偿要求和民事诉讼，民事诉讼时效（略）

第 26 条 对转运危险货物的要求（略）

第 27 条 航海转运站运营商和承运人之间法律关系的调整（略）

第 6 章　在海港的土地关系和财产关系

第 28 条 为保障在海港活动的地块（略）

第 29 条 海港基础设施流转的限制（略）

第 30 条 海港国有财产的管理（略）

第 31 条　提供位于海港的国有财产的占有和使用的条件（略）

第 7 章　最后条款

第 32 条　过渡条款（略）

第 33 条　将修改列入联邦法律《关于正当竞争》内（略）

第 34 条　将修改列入联邦法律《关于俄罗斯联邦的内海、领海和毗邻区》内（略）

第 35 条　将修改列入《俄罗斯联邦海商法典》内

将下列变更列入《俄罗斯联邦海商法典》（《俄罗斯联邦法律汇编》1999 年第 18 期，第 2207 号；2005 年第 52 期，第5581 号；2006 年第 50 期，第5279 号）：

（1）第 6 条第 3 款第 6 段失效；

（2）将第 9 条叙述作下列修正：

"第 9 条海港、港务当局

1. 海港，是指在专门划定的陆域和水域内设置的，并专门为商业航海的船舶服务、为渔业船队船舶综合服务、为旅客服务、为货物作业包括货物转运服务和为通常在海港提供其他服务的，以及与其他类运输互相协作的海港基础设施总和。

2. 港务当局，是指行使行政权力及行使联邦法律和俄罗斯联邦政府命令赋予他们的其他权力的有关海港行政机关。

3. 海港业务依据联邦法律实施。"

（3）将第 33 条第 4 款第 2 项的叙述作下列修正：

"在海港的船舶和船舶权登记规则，由联邦运输行政管理机关批准。"

（4）在第 35 条中：

甲、将第 1 款的叙述作下列修正：

"1. 本法典第 23 条第 2 款中规定的船舶登记，由海港港务主任实施。

有关渔业船队的船舶和船舶权已登记资料，由海港港务主任按季度呈送联邦渔业行政管理机关。"

乙、在第 3 款中将字样"商业"删除；

（5）在第 37 条第 3 款第 2 段中将字样"商业"删除；

（6）在第 53 条第 2 款中：

甲、将第 2 项叙述作下列修正：

"能保障航海安全的船员最少配额证书，由实施船舶登记的海港港务主任颁发。"

乙、在第 3 项中将字样"商业海港和渔业"删除。

（7）在第 54 条中：

甲、在第 2 款中将字样"相关"和字样"商业""和渔业海港港务主任"删除；

乙、在第 3 款中将字样"相关"和字样"商业""渔业海港港务主任"删除。

（8）将第 74 条第 2 款叙述作下列修正：

"2. 海港港务主任依据联邦运输行政管理机关批准的有关海港港务主任规章行使职权。"

（9）将第 75 条叙述作下列修正：

"第 75 条海港港务主任的隶属关系

海港港务主任直接隶属于联邦运输行政管理机关。"

（10）在第 76 条中：

甲、将标题叙述作下列修正：

"第 76 条　海港港务主任的职权"；

乙、将第 1 段叙述作下列修正：

"赋予海港港务主任行使下列保障海港的航海安全和秩序的

职权:"

丙、将第8段的叙述作下列修正:

"进出海港的手续;"

(11) 第77条失效。

(12) 将第90条第3款叙述作下列修正:

"3. 在海港的船舶引航员引航程序,由海港港务主任规定。"

(13) 在第108条中:

甲、在第1款中,将字样"商业海港或者就近渔业"删除;

乙、在第2款中,将字样"商业海港或者渔业"和字样"商业海港或者渔业"删除。

(14) 在第109条中:

甲、在第1款中,将字样"商业海港或者渔业"删除;

乙、在第2款第1段和第2段中,将字样"商业海港或者渔业"删除。

(15) 在第111条第1款第2项中,将字样"海港活动"用字样"在海港的活动"代替。

(16) 在第114条中,将字样"商业海港或者就近渔业"删除。

(17) 将第376条第4款的叙述作下列修正:

"4. 建造后被视作海船的在建船舶登记簿,在建设单位附近的海港办理。

在建船舶权在海港的登记规则,由联邦运输行政管理机关批准。"

第36条 将修改列入第2部分的《俄罗斯联邦税务法典》内(略)

第37条 将修改列入《俄罗斯联邦内河运输法典》内(略)

第38条 关于将修改列入联邦法律《关于国有和市有财产

私有化》内(略)

第 39 条 关于将修改列入联邦法律《关于土地或者地块由一种类型转为另一种类型》内(略)

第 40 条 关于将修改列入联邦法律《关于租让协议》内(略)

第 41 条 本联邦法律的生效

1. 本联邦法律在其正式公布之日后 10 日期满生效,但是本联邦法律第 36 条除外。

2. 本联邦法律第 36 条生效日期(略)。

俄罗斯联邦总统

B. 普京

莫斯科,克里姆林宫

2007 年 11 月 8 日

联法第 261 号

第 7 次修改

2007 年 12 月 6 日联法第 333 号联邦法律
《关于将变更列入联邦法律〈关于渔业和水生物资源保护〉和俄罗斯联邦某些法律文件内》

国家杜马 2007 年 11 月 16 日通过

联邦委员会 2007 年 11 月 23 批准

第 1 条至第 7 条(略)

第 8 条

将下列变更列入《俄罗斯联邦海商法典》(《俄罗斯联邦法律汇编》1999 年第 18 期，第 2207 号；2001 年第 22 期，第 2125 号)：

(1) 将第 2 条第 3 段叙述作下列修正：

"捕鱼;"

(2) 在第 5 条第 3 款中，将字样"捕捞水生物资源"用字样"捕鱼"代替。

(3) 在第 6 条中：

甲、在第 2 款第 3 项中，将字样"捕捞水生物资源"用字样"捕鱼"代替；

乙、在第 3 款第 3 项中，将字样"捕捞水生物资源"用字样"捕鱼"代替。

(4) 在第 7 条第 2 款中，将字样"捕捞水生物资源"用字样"捕鱼"代替。

(5) 在第 54 条第 1 款和第 3 款中，将字样"捕捞水生物资源"用字样"捕鱼"代替。

(6) 在第 109 条第 1 款中，将字样"捕捞水生物资源"用字样"捕鱼"代替。

(7) 在第 111 条第 1 款第 2 项中，将字样"捕捞水生物资源"用字样"捕鱼"代替。

第 9 条至第 13 条 (略)

第 14 条

1. 本联邦法律自 2008 年 1 月 1 日起生效，但是本条规定另有生效日期的情形除外。

2. 本联邦法律第 1 条第 16 款乙项第 2 段、第 19 款乙项第 3 段、第 6 条、第 9 条和第 12 条，自 2009 年 1 月 1 日起生效。

第 15 条（略）

俄罗斯联邦总统

B. 普京

莫斯科，克里姆林宫

2007 年 12 月 6 日

联法第 333 号

第 8 次修改

2008 年 7 月 14 日联法第 118 号联邦法律
《关于将变更列入〈俄罗斯联邦水利资源法典〉
和俄罗斯联邦某些法律文件内》

国家杜马 2008 年 6 月 25 日通过

联邦委员会 2008 年 7 月 4 批准

第 1 条至第 18 条（略）

第 19 条

在《俄罗斯联邦海商法典》（《俄罗斯联邦法律汇编》1999 年第 18 期，第 2207 号）第 337 条第 2 款第 1 项中，将字样"在任何可通航水域或者其他水域"，用字样"在任何海上航线和内河航线"代替。

第 20 条至第 32 条（略）

第 33 条

（1）本联邦法律自其正式公布之日起生效，但是本联邦法律第 1 条第 8 款和第 17 条除外。

（2）本联邦法律第 1 条第 8 款和第 17 条自 2009 年 1 月 1 日起生效。

俄罗斯联邦总统

Д. 梅德韦杰夫

莫斯科，克里姆林宫

2008 年 7 月 14 日

联法第 118 号

第 9 次修改

2008 年 7 月 23 日联法第 160 号联邦法律
《因完善行使俄罗斯联邦政府职权，
故将变更列入俄罗斯联邦某些法律文件内》

国家杜马 2008 年 7 月 4 日通过

联邦委员会 2008 年 7 月 11 批准

第 1 条至第 67 条（略）

第 68 条

在《俄罗斯联邦海商法典》（《俄罗斯联邦法律汇编》1999 年第 18 期，第 2207 号；2007 年第 46 期，第 5557 号；第 50 期，第 6246 号）第 54 条第 1 款中，将字样"持有俄罗斯联邦政府"，用字样"持有由俄罗斯联邦政府授权的联邦行政权机关"代替。

第 69 条至第 133 条（略）

第 134 条

本联邦法律自 2009 年 1 月 1 日起生效。

俄罗斯联邦总统

Д. 梅德韦杰夫

莫斯科，克里姆林宫

2008 年 7 月 23 日

联法第 160 号

第 10 次修改

2008 年 12 月 3 日联法第 250 号联邦法律
《关于将变更列入联邦法律〈关于渔业和保护水生物资源〉
和俄罗斯联邦某些法律文件内》

国家杜马 2008 年 11 月 21 日通过

联邦委员会 2008 年 11 月 26 日批准

第 1 条至第 12 条（略）

第 13 条

在《俄罗斯联邦海商法典》（《俄罗斯联邦法律汇编》1999年第 18 期，第 2207 号）第 15 条第 3 款第 1 项有关格中将字样"渔业船舶"，在相应格中用字样"渔业船队船舶"代替。

第 14 条至第 20 条（略）

第 21 条

1. 本联邦法律自其正式公布之日起生效，但是该法律第 4 条和第 18 条除外。

2. 本联邦法律第 4 条和第 18 条自其正式公布之日起 1 个月期满后生效。

俄罗斯联邦总统

Д. 梅德韦杰夫

莫斯科，克里姆林宫

2008 年 12 月 30 日

联法第 250 号

第 11 次修改

2008 年 12 月 30 日联法第 322 号联邦法律
《因通过联邦法律〈关于批准重审的 1958 年海员身份证明公约的公约（公约第 185 号）〉，故将变更列入俄罗斯联邦某些法律文件内》

国家杜马 2008 年 12 月 24 日通过

联邦委员会 2008 年 12 月 29 日批准

第 1 条 （略）

第 2 条 （略）

第 3 条

在《俄罗斯联邦海商法典》（《俄罗斯联邦法律汇编》1999

年第 18 期，第 2207 号；2007 年第 46 期，第 5557 号）第 76 条
第 5 段中，将字样"海员护照"用字样"海员身份证明"替代。

第 4 条 （略）

第 5 条 （略）

第 6 条

1. 本联邦法律自其正式公布之日起生效，但是本联邦法律
第 1 条和第 5 条第 1 款除外。

2. 本联邦法律第 1 条和第 5 条第 1 款自 2014 年 1 月 1 日起生效。

俄罗斯联邦总统

Д. 梅德韦杰夫

莫斯科，克里姆林宫

2008 年 12 月 30 日

联法第 322 号

第 12 次修改

2009 年 7 月 18 日联法第 188 号联邦法律
《关于就颁发船用无线电台和随航无线电台许可证问题，
将变更列入俄罗斯联邦某些法律文件内》

国家杜马 2009 年 7 月 1 日通过

联邦委员会 2008 年 7 月 7 批准

第 1 条

将下列变更列入《俄罗斯联邦海商法典》内（《俄罗斯联

邦法律汇编》1999 年第 18 期，第 2207 号；2004 年第 45 期，第 4377 号）：

（1）在第 25 条第 1 款第 10 项中，将字样"船用无线电台许可证"（该证一般系指进出口许可证——译者注），用字样"船用无线电台许可证"（该证系指普通许可证——译者注）代替。

（2）将第 29 条第 5 款叙述作下列修改：

"5. 船用无线电台许可证由俄罗斯联邦政府授权的联邦行政机关颁发。"

第 2 条（略）

第 3 条（略）

第 4 条（略）

第 5 条

本联邦法律自 2010 年 1 月 1 日起生效，但是最早自其正式公布之日起经 1 个月。

俄罗斯联邦总统

Д. 梅德韦杰夫

莫斯科，克里姆林宫

2009 年 7 月 18 日

联法第 188 号

第 13 次修改

2010 年 7 月 1 日联法第 141 号联邦法律
《关于将变更列入〈俄罗斯联邦海商法典〉第 337 条内》

国家杜马 2010 年 6 月 11 日通过
联邦委员会 2012 年 6 月 23 日批准

在《俄罗斯联邦海商法典》(《俄罗斯联邦法律汇编》1999
年第 18 期, 第 2207 号; 2008 年第 29 期, 第 3418 号) 第 337
条第 2 款第 1 项中, 将字样"在任何海上航线和内河航线", 用
字样"在通航水域或者其他任何水域"代替后, 将该修改列入
该法典上述条款内。

俄罗斯联邦总统

Д. 梅德韦杰夫

莫斯科, 克里姆林宫

2010 年 7 月 1 日

联法第 141 号

第 14 次修改

2010 年 11 月 22 日联法第 305 号联邦法律
《关于将变更列入联邦法律〈关于罗萨托原子能国有公司〉
和俄罗斯联邦某些法律文件内》

国家杜马 2010 年 11 月 1 日通过
联邦委员会 2010 年 11 月 10 日批准

第 1 条（略）

第 2 条（略）

第 3 条

将《俄罗斯联邦海商法典》（《俄罗斯联邦法律汇编》1999
年第 18 期，第 2207 号）第 12 条第 2 项增补字样"，但是带有
核动力装置的原子能破冰船队的船舶除外。该类船舶可以属于
俄罗斯法人所有，而该法人须被列入俄罗斯总统批准的可以拥
有核能装置的俄罗斯法人名录内"。

第 4 条（略）

第 5 条（略）

第 6 条

将下列变更列入 2007 年 11 月 8 日联法第 261 号联邦法律
《关于俄罗斯联邦海港和关于将修改列入俄罗斯联邦某些法律文
件》第 29 条第 2 部分内。（略）

俄罗斯联邦总统

Д. 梅德韦杰夫

莫斯科,克里姆林宫

2010 年 11 月 22 日

联法第 305 号

第 15 次修改

2011 年 6 月 3 日联法第 113 号联邦法律
《关于将变更列入〈俄罗斯联邦海商法典〉第 87 条内》

国家杜马 2011 年 5 月 11 日通过

联邦委员会 2011 年 5 月 25 日批准

将《俄罗斯联邦海商法典》(《俄罗斯联邦法律汇编》1999 年第 18 期,第 2207 号)第 87 条叙述作下列修正后,将该修正的叙述列入该法典内:

第 87 条 海上引航

1. 船舶引航由持有海港港务主任颁发的特定区域的船舶引航权证书的海上引航员实施。

2. 海上引航员(下称引航员)由符合海上引航员规章规定要求的俄罗斯联邦公民担任。该规章由联邦运输行政管理机关会同联邦国防行政管理机关和联邦渔业行政管理机关协商同意批准。"

俄罗斯联邦总统

Д. 梅德韦杰夫

莫斯科，克里姆林宫

2011 年 6 月 3 日

联法第 113 号

第 16 次修改

2011 年 6 月 14 日联法第 141 号联邦法律
《关于将变更列入〈俄罗斯联邦海商法典〉内》
本文件自其正式公布之日起 10 日期满生效

国家杜马 2011 年 6 月 3 日通过

联邦委员会 2011 年 6 月 8 日批准

第 1 条

将下列变更列入《俄罗斯联邦海商法典》（《俄罗斯联邦法律汇编》1999 年第 18 期，第 2207 号；2001 年第 22 期，第 2125 号；2003 年第 27 期，第 2700 号；2004 年第 45 期，第 4377 号；2005 年第 52 期，第 5581 号；2006 年第 50 期，第 5279 号；2007 年第 46 期，第 5557 号；第 50 期，第 6246 号；2008 年第 29 期，第 3418 号；第 30 期，第 3616 号；第 49 期，第 5748 号；2009 年第 1 期，第 30 号；第 29 期，第 3625 号；2010 年第 27 期，第 3425 号；第 48 期，第 6246 号）：

（1）将第 4 条的叙述作下列修正：

第 4 条在俄罗斯联邦海港之间的运输和拖带，在俄罗斯联邦内海或者领海将船舶用于其他活动

1. 在俄罗斯联邦海港之间的运输和拖带（近海航行），由悬挂俄罗斯联邦国旗航行的船舶实施。

2. 在俄罗斯联邦内海或者领海，从事与破冰引航、探查作业、救助作业、拖带作业、打捞沉没在海里的财产、水利工程、水下技术工程和其他类似工程有关活动，由悬挂俄罗斯联邦国旗航行的船舶实施。

3. 依据俄罗斯联邦缔结的国际条约，或者按照俄罗斯联邦政府规定的条件和程序，近海航行中的运输和拖带以及本条第 2 款规定其他活动，可以由悬挂外国国旗航行的船舶实施。

（2）在第 5 条中：

甲、将第 1 款叙述作下列修正：

"1. 商业航海的国家管理，由对商业航海行使制定国家政策和调整法律规范职权的联邦运输行政管理机关（下称联邦运输行政管理机关），以及联邦渔业行政管理机关和其他联邦行政管理机关在各自职权范围内实施。"

乙、将第 4 款叙述作下列修正：

"4. 海上航道的导航水文地理保障，除了北方海路航线、海港水域航道和入港航道外，由联邦国防行政管理机关实施。

在北方海路航线、海港水域和入港航道上的导航水文地理保障，由在海上运输方面提供国家服务和管理国家财产职权的联邦行政管理机关实施。"

（3）将第 6 条叙述作下列修正：

第 6 条商业航海的国家监督

1. 对俄罗斯联邦缔结的属于商业航海的国际条约和俄罗斯

联邦的商业航海法律遵守的国家监督（下称对商业航海的国家监督），由在运输方面行使检查和监督职权的联邦行政管理机关（下称联邦运输监督行政管理机关）实施。

2. 对渔业船队船舶捕捞时在作业区保障航行安全方面的商业航海国家监督，由联邦渔业行政管理机关实施。

3. 联邦运输监督行政管理机关依据规章调查海上遇难和事故。该规章由联邦运输行政管理机关会同联邦渔业行政管理机关、联邦国防行政管理机关协商同意批准。

4. 对体育运动船舶和娱乐船舶的国家监督，按照俄罗斯联邦政府规定程序实施。"

（4）在第 10 条中，将字样"331 条和 359 条"，用字样"331 条、336.6 条至 336.8 条和 359 条"代替。

（5）将第 15 条叙述作下列修正：

第 15 条悬挂俄罗斯联邦国旗航行权

1. 悬挂俄罗斯联邦国旗航行权授予属于下列所有的船舶：

（1）俄罗斯联邦公民所有的；

（2）符合俄罗斯联邦法律的法人所有的；

（3）俄罗斯联邦、俄罗斯联邦各主体所有的；

（4）地方自治组织所有的。

2. 根据承租人的申请，悬挂俄罗斯联邦国旗航行权可以临时授予在外国船舶登记簿中已登记的，并根据无船员租赁合同（光船租赁合同）提供给俄罗斯承租人使用和占有的船舶，如果：

（1）光船租赁合同的船舶承租人符合本条第 1 款对船舶所有人提出的要求；

（2）船舶所有人书面同意船舶转挂俄罗斯联邦国旗下；

（3）依据船舶登记国法律设置有并登记的船舶不动产抵押或者具有相同性质义务的抵押权人，书面同意船舶转挂俄罗斯联邦国旗下；

（4）船舶登记国法律没有禁止授予船舶悬挂外国旗航行权；

（5）悬挂外国旗航行权在授予船舶悬挂俄罗斯联邦国旗航行权时已中止或者即将中止。

3. 悬挂俄罗斯联邦国旗航行权，由在光船租赁登记簿中实施船舶登记的海港港务主任临时授予船舶，其期限不得超过光船租赁合同期。为了更换旗帜，光船租赁合同期不得少于 1 年。

在临时授予船舶悬挂俄罗斯联邦国旗航行权时，实施船舶登记海港的港务主任，应当确定船舶使用何船名。

（6）在第 18 条第 3 段中，将字样"，或者授予船舶该航行权的决定已被撤销"删除。

（7）在第 19 条中：

甲、第 1 款第 1 段中，将字样"可以"用字样"应当"代替；

乙、第 2 款第 1 段中，将字样"运输"用字样"运输监督"代替。

（8）将第二章第四节节名叙述作下列修正：

"第四节船舶定级和检验"。

（9）将第 22 条叙述作下列修正：

第 22 条应当定级和检验的船舶，被授权船舶定级和检验的机构

1. 在国家船舶登记簿、光船租赁登记簿或者俄罗斯国际船舶登记簿中登记客运的、货运的、运石油的、拖带的船舶和其他的发动机总功率不小于 55 千瓦的机动船舶、不小于 80 吨位的非机动船舶应当定级和检验，但是用于非商业目的的体育运动船舶和娱乐船舶除外。

2. 在国家船舶登记簿或者在光船租赁登记簿登记船舶的定级和检验，由俄罗斯机构实施，其权限由俄罗斯联邦政府依据

俄罗斯联邦缔结的国际条约确定（下称俄罗斯的被授权的船舶定级和检验机构）。船舶的定级和检验的费用，基于补偿原则，按照俄罗斯联邦政府规定程序所确定的费率，由申请人负担。

在俄罗斯国际船舶登记簿中登记船舶定级和检验，根据船东选择，由俄罗斯的被授权的船舶定级和检验机构，或者由俄罗斯联邦政府依据俄罗斯联邦缔结的国际条约授予必要权限的外国船级协会实施。

3. 俄罗斯的被授权的船舶定级和检验机构，可以以联邦自治机关方式设立。

（10）将第 23 条的叙述作下列修正：

第 23 条船舶检验

1. 本法典第 22 条第 1 款规定船舶，由俄罗斯的被授权的船舶定级和检验机构，或者由符合俄罗斯联邦缔结的国际条约规定要求的外国船级协会检验。

2. 船舶符合本条第 1 款规定要求，由俄罗斯的被授权的船舶定级和检验机构或者外国船级协会颁发证书确认。

（11）将第 24 条叙述作下列修正：

第 24 条船舶定级

1. 俄罗斯的被授权的船舶定级和检验机构或者外国船级协会依据其职权，授予本法典第 22 条第 1 款规定船舶等级。

2. 俄罗斯的被授权的船舶定级和检验机构，颁布船舶定级和建造规则、船舶建造技术监督规则、船舶的材料和制品制造的技术监督规则，并颁发证明船舶符合这些规则的定级证书。

俄罗斯的被授权的船舶定级和检验机构，对这些规则在没有得到履行时，不得颁发船舶定级证书，中止或者终止早先由他们颁发的船舶证书的效力。

（12）将第 25 条的叙述作下列修正：

第 25 条船舶证件

1. 本法典第 22 条第 1 款规定的船舶应当具有下列证件：

（1）悬挂俄罗斯联邦国旗的航行权证书；

（2）船舶所有权证书；

（3）客运证书（供客轮用）；

（4）丈量证书；

（5）载重线标志证书；

（6）预防油污证书；

（7）船用无线电台许可证和无线电日志（如船舶有船用无线电台）；

（8）船员花名册；

（9）航海日志；

（10）机舱日志（供机械发动机船舶使用）；

（11）卫生日志；

（12）船舶卫生航行权证书；

（13）俄罗斯联邦缔结的国家条约、俄罗斯联邦法律和其他法律文件规定的其他船舶证件。

2. 用于卫生、检疫和其他检验的船舶可以不具有载重线标志证书、丈量证书。该船舶吨位可以采用简易方法确定，并发给相应证书。

在非商业目的中使用的并在近海航行的体育运动船舶、娱乐船舶不需要航海日志、机舱日记和卫生日志。

本段失效——见 2012 年 4 月 23 日联法第 36 号联邦法律。

（13）第 26 条失效。

（14）将第 27 条叙述作下列修正：

第 27 条某些种类船舶的船舶证件

1. 体育运动船舶、娱乐船舶、主发动机功率在 55 千瓦以下的机动船舶和吨位在 80 以下的非机动船舶应当要有下列船舶证件：

（1）船舶证；

（2）船员花名册。

2. 本条第 1 款规定船舶应当具有的船舶证，证明悬挂俄罗斯联邦国旗的航行权、船舶所有权所属主体、船舶吨位和船舶适航性。

（15）第 28 条失效。

（16）将第 29 条叙述作下列修正：

第 29 条颁发船舶证件的机关

1. 悬挂俄罗斯联邦国旗航行权证书、船舶证和船舶所有权证书，由船舶登记机关颁发。

2. 船用无线电台许可证由俄罗斯联邦政府授权的联邦行政管理机关颁发。

3. 船舶卫生航行权证书由对俄罗斯联邦水路运输进行卫生和流行病检疫的机关颁发。

4. 对于颁发本条第 1 款、第 2 款和第 3 款规定证件，按照俄罗斯联邦关于税务和征收法律所规定的数额和程序缴纳国家税。

（17）将第 32 条叙述作下列修正：

第 32 条各种船舶证件的管理规则、航海日志保存

1. 船员花名册和本法典第 25 条第 1 款第 9 项至第 11 项所列各种航海日志，依据联邦运输行政管理机关规定的规则管理。

2. 航海日志自最后记录载入该日志之日起在船舶上保存 2 年。航海日志在上述期限期满后，移交船舶登记机关保存。该机关按照联邦运输行政管理机关规定程序保证保存航海日志至少 10 年。

3. 航海日志提供给有权获得相关信息的人员,从其副本上查阅和摘录。

船舶出售到俄罗斯联邦国外的,航海日志提供给有权获得相关信息的人员在出售前从其副本上查阅和摘录。

(18)在第三章名称中,将字样"和船舶所设权利",用字样"、船舶权利和船舶交易"代替。

(19)在第33条中:

甲、将第2款叙述作下列修正:

"2. 船舶所有权和其他物权,以及这些权利限制(负担)(不动产抵押、委托管理和其他),这些权利的产生、转让和终止,应当在国家船舶登记簿或者船舶登记簿中登记。

已登入俄罗斯国际船舶登记簿船舶的所有权和其他物权(根据光船租赁合同被租船舶的这些权利除外),上述权利限制(负担)(不动产抵押、委托管理和其他),所有这些权利的产生、转让和终止,都应当在俄罗斯国际船舶登记簿中登记。

设置有所有权和其他物权限制(负担)船舶在俄罗斯国际船舶登记簿登记,和该船舶从上述登记簿中注销,要经设置相关权利限制(负担)的利益人书面同意方能实施。"

乙、将第3款叙述作下列修正:

"3. 船舶所有权和其他物权、这些权利限制(负担)、这些权利产生、转让和终止在国家船舶登记簿、俄罗斯国际船舶登记簿或者船舶登记簿所作的登记,是已登记的权利、这些权利限制(负担)和交易现存的唯一证据,仅在司法程序中才可争议。"

丙、在第4款第2项中,将字样"在海港的船舶和船舶权",用字样"在海港的船舶、船舶权及它们交易和已登记船舶集中核实"代替。

丁、将第5款叙述作下列修正:

"5. 本法典第 22 条第 1 款规定船舶在国家船舶登记簿中登记。

本法典第 22 条第 1 款没有规定船舶在船舶登记簿中登记。

艇和其他为船舶属具的浮动装置无须在国家船舶登记簿和船舶登记簿中登记。"

戊、第 7 款第 2 段失效。

（20）将第 35 条作下列修正：

第 35 条船舶登记机关

1. 本法典第 22 条第 1 款规定船舶登记由海港港务主任实施。

有关渔业船队已登记船舶和船舶权利资料由海港港务主任按季度向联邦渔业行政管理机关呈报。

2. 没有在本法典第 22 条第 1 款中规定船舶的登记，由被俄罗斯联邦政府授权的机关实施。

3. 在俄罗斯国际船舶登记簿中登记，由在海港名录中载明海港的港务主任实施。该海港名录由俄罗斯联邦政府批准。

（21）在 37 条第 3 款第 2 段中，将字样"在海港的船舶和船舶权利的"，用字样"在海港的船舶、船舶权利及它们交易和已登记船舶集中核实的"代替。

（22）将第 38 条叙述作下列修正：

第 38 条无船员租赁合同（光船租赁合同）已承租船舶的登记

1. 在外国船舶登记簿中已登记船舶，要在光船租赁登记簿或者俄罗斯国际船舶登记簿中登记，以光船租赁船舶承租人申请为根据并附下列供登记用的必要证件实施：

（1）在国旗变更前从船舶直接登记国船舶登记簿中的摘录，该摘录指明船舶所有人；如果不动产抵押或者有相同性质义务已设置，还应指明已登记的船舶不动产抵押的或者已登记的设置有相同性质义务的抵押权人；

（2）船舶所有人和已登记的船舶不动产抵押的或者已登记的设置有相同性质义务的抵押权人，书面同意更换为俄罗斯联邦国旗下；

（3）在旗帜变更前船舶直接登记国主管当局颁发的证件，该证件证明悬挂该国旗帜航行权在授予悬挂俄罗斯联邦国旗航行权期间已中止；

（4）光船租赁合同的正本和副本；

（5）丈量证书；

（6）载客证书（供客轮使用）；

（7）由国际海事组织授予的船舶识别码资料；

（8）有证件证明光船租赁的承租人符合本法典第 15 条第 1 款对船舶所有人提出的要求；

"2. 在光船租赁登记簿或者俄罗斯联邦国际船舶登记簿中船舶登记时，颁发悬挂俄罗斯联邦国旗航行权证书，其期限不得超过光船租赁合同期限。"

（23）将第 42 条叙述作下列修正：

"第 42 条在国家船舶登记簿、俄罗斯国际船舶登记簿或者船舶登记簿中的原始船舶登记

已建造船舶应当自该船舶下水之日起 1 个月内在国家船舶登记簿、俄罗斯国际船舶登记簿或者船舶登记簿中原始登记；从俄罗斯联邦国外获得的船舶，在有关证明悬挂俄罗斯联邦国旗航行权的、依据本法典第 16 条第 2 款颁发的临时证书有效期期满前原始登记。"

（24）将第 44 条叙述作下列修正：

第 44 条船舶重新登记

船舶由于发生事故或者由于其他原因，不再符合原国家船舶登记簿、俄罗斯国际船舶登记簿或者船舶登记簿中所登记资料的，该船舶在其检验后可以重新登记。

（25）在第 46 条中：

甲、在标题中将字样"及其权利"，用字样"、船舶权利和船舶交易"代替。

乙、将第 1 段叙述作下列修正：

"1. 具有下列情形的，可以拒绝船舶、船舶权利和船舶交易登记："

丙、在第 4 段中，将字样"船舶权利"删除。

丁、在第 7 段中，在字样"船舶"后增补字样"和船舶交易"；在字样"权利"后增补字样"和交易"。

戊、增补一段，内容如下：

"申请的权利与已登记的权利之间相互抵触。"

己、增补第 2 款，内容如下：

"2. 对船舶、船舶权利和船舶交易的拒绝登记，利害关系人可以向法院或者仲裁庭申诉。"

（26）将第 53 条叙述作下列修正：

第 53 条船员最少配额

1. 为了实现下列事项，每艘船舶在其船上应当配备具有专业技能的并达到足够数量的船员：

（1）保障船舶航海安全、保护海洋环境；

（2）履行船上工作时间要求；

（3）不得使船员工作负担过重。

2. 保障航海安全的船员最少配额证书，由海港港务主任依据联邦运输行政管理机关会同相关全俄工会协商同意制定的规章颁发。

在海港进行检查时,船员成员与保障航海安全的船员最少配额证书记载的资料相一致,是证明船舶保证船舶航行安全的船员已配齐。

(27) 在第 54 条中:

甲、将第 1 款的叙述作下列修正:

"1. 持有船员颁证条例所规定的证书和专业技能合格证书的人员,获准从事船员职业。该颁证条例由俄罗斯联邦政府授权的联邦行政机关批准。"

乙、在第 4 款中,将字样"由相关联邦运输行政管理机关和联邦渔业行政管理机关",用字样"由联邦运输监督行政管理机关"代替。

(28) 在第 57 条第 3 款中,将字样"由俄罗斯联邦政府",用字样"按照《俄罗斯联邦劳动法典》规定程序"代替。

(29) 将第 69 条叙述作下列修正:

第 69 条船长对公诉案件的提起并实施紧急侦查行为

1. 正在航行的船舶上,船长依据《俄罗斯联邦刑事诉讼法典》提起公诉案件并实施紧急侦查行为。

2. 如要提起公诉案件,船长因此实施不属于诉讼行为的程序和特殊性由联邦运输行政管理机关确定。

(30) 增补 69.1 条,内容如下:

第 69.1 条对实施危害航海安全犯罪的人,船长采取的行为

船长对其有合理根据认为实施了危害航海安全犯罪的人,可以移交外国主管机关,如果这有俄罗斯联邦缔结的国际条约规定,但是对于俄罗斯联邦公民、经常居住地在俄罗斯联邦的无国籍人除外。在这种情况下,船长应当在船舶驶入外国领海前,尽可能发送通知到该外国主管机关告知移交此人给他们的

意图及其移交原因，还将现有证据提供给上述主管机关，如果这是实际可行的。

（31）第 76 条第 12 段失效。

（32）将第 79 条叙述作下列修正：

第 79 条对船舶的港口国家检查

1. 为了审查船舶是否有各种证件，船舶基本性能与各种船舶证件是否一致，航行安全和保护海洋环境防止船舶污染是否符合要求，对在海港的船舶、将出海船舶的港口国家检查，以及对该检查的集中核实，由海港港务主任实施。

2. 缺乏各种船舶证件的，或者有充分根据认为船舶不符合航海安全要求的，海港港务主任应责令船舶接受检查。

3. 为了审查是否排除船舶检查过程中所查明的缺陷，海港港务主任可以对船舶控制检查。

4. 对在海港的船舶、将出海船舶的港口国家检查程序，以及该检查的集中核实程序，由联邦运输行政管理机关批准。

5. 船舶与航海安全和保护海洋环境防止船舶污染要求严重不符的，海港港务主任按照联邦运输行政管理机关的规定程序，可以禁止船舶进港，或者将船舶锚泊在入港航道上。

（33）将第 82 条叙述作下列修正：

第 82 条在航标设备作用区域内的建筑施工

在海上航道的航标设备作用区域内建筑施工，应当征得对海上运输提供国家服务和管理国家财产职权的联邦行政管理机关和联邦国防行政管理机关同意；具有本法典第 76 条第 11 段规定情形的，还应征得有关海港港务主任同意。

（34）将第 88 条叙述作下列修正：

第 88 条对船舶引航组织活动的国家监督

1. 船舶引航组织引航业的国家监督，由联邦运输监督行政管理机关实施。

2. 按照对船舶引航组织引航业的实施国家监督程序，联邦运输监督行政管理机关有权作出下列决定：

关于由该组织引航员在有关区域内实施船舶强制引航和关于引航范围；

关于向仲裁庭提出撤销该组织的申请，如果该组织屡次或者严重违反联邦运输行政管理机关对其技术装备、他们的工作人员人数和专业技能要求，难于达到本法典第 86 条确定的船舶引航目的。

（35）将第 89 条叙述作下列修正：

第 89 条规定船舶强制引航区域和非强制引航区域

联邦运输行政管理机关就船舶强制引航区域和非强制引航区域在各海港采用地方当局行政命令方式规定。

（36）将第 90 条第 2 款叙述作下列修正：

"2. 免除强制引航的船舶类型，由联邦运输行政管理机关在各海港采用地方当局行政命令的方式规定。"

（37）在第 91 条中：

甲、将第 2 款叙述作下列修正：

"2. 在非强制船舶引航区域，联邦运输行政管理机关对船舶自身或者对由其运送货物可能会造成海洋环境损害危险的船舶，可以规定该船舶类型，并规定对这类船舶实施强制引航。对这类船舶在各海港采用地方当局行政命令的方式规定。"

乙、增补第 3 款，内容如下：

"3. 在非强制船舶引航区域，海港港务主任对船体、机械装置或者设备严重损坏，可能严重影响在港区航行安全的船舶，可以规定船舶强制引航。在这种情况下，通知船长其船舶应当在引航下行驶。"

（38）在第 104 条第 2 款中，将字样"自身作为行为"用字样"自身各种作为行为"代替。

（39）第 123 条第 1 款中将字样"相关"删除；将字样"和联邦渔业行政管理机关。这些机关规定"，用字样"，该机关规定"代替。

（40）第 130 条第 5 款失效。

（41）第 131 条第 4 款失效。

（42）将第 133 条叙述作下列修正：

第 133 条提前结束装载费

因在停船时间期限期满前因提前结束装载货物而给船舶承租人支付费用的金额（速遣费）由合同双方约定；没有该约定的，速遣费按船舶滞留费的 1/2 金额计算。

（43）将第八章第二节增补第 141.1 条，内容如下：

"第 141.1 条规则适用于在卸载港货物卸载

本法典第 126 条、第 127 条、第 129 条至第 133 条和第 135 条规定规则相应适用于在卸载港货物卸载。"

（44）在第 162 条第 2 款中，将字样"能够"用字样"不能"代替。

（45）在第 177 条第 2 款中：

甲、在第 1 项中将字样"旅客运输由承运人实施"，用字样"旅客运输由其实际实施"代替。

乙、在第 2 项中，将字样"实际从事旅客运输或其部分运输的船舶所有人或者以其他法律为根据使用船舶的人。"用字样"实际从事旅客运输全部的船东。"代替。

（46）在第 317 条第 4 段中，将字样"疏忽大意或者其他不法行为"，用字样"因过失或者由于其他违法行为"代替。

（47）将第 320 条叙述作下列修正：

第 320 条船舶所有人的责任限制

船舶所有人有权限制自己的责任，对于一起事件按照下列方式计算总额：

对于吨位在 5 000 以下船舶，为 4 510 000 个计算单位；

对于吨位在 5 000 以上船舶，在本条上款规定总额上，吨位每超一吨增加 631 个计算单位，但是无论何种情形总额都不得超过 89 770 000 个计算单位。

（48）在第 322 条第 1 款中，将字样 "，或者，如果该诉讼没有提起，在可以提起民事诉讼的法院或者仲裁庭。" 用字样 "或者，依据第 325 条第 5 款规定的法院或者仲裁庭主管范围，在可以提起的法院或者仲裁庭。" 代替。

（49）在第 323 条中：

甲、将第 1 款叙述作下列修正：

"1. 已在俄罗斯联邦登记的并灌注运输作为货物的石油在 2 000 吨以上的船舶的所有人，为了抵补自己以本章规定为根据的污染损害责任，应当进行责任保险或者提供责任其他财务担保，该总额与本法典第 320 条规定的污染损害赔偿责任限额等值。"

乙、增补第 3 项，内容如下：

"3. 本条第 1 款规定相应适用于，灌注运输作为货物的石油在 2 000 吨以上的，进出俄罗斯联邦境内港口的，或者抵达或驶离俄罗斯联邦领海的海上装卸站的外国船舶。"

（50）在第 324 条中：

甲、在第 1 款中：

在第 4 段中将字样 "主要营运地" 用字样 "营运主要地" 代替；

在第 6 段中将字样 "主要营运地" 用字样 "营运主要地"

代替。

乙、在第 6 款中：

将字样"国家所有的并对其无须实施责任保险或者提供责任其他财务担保的"，用字样"俄罗斯联邦所有的灌注运输作为货物的石油在 2 000 吨以上的并对其无须责任保险或者提供责任其他财务担保的"代替；将字样"国家责任"用字样"责任"代替。

增补一段，内容如下：

"本款第 1 段规定相应适用于，外国所有的并灌注运输作为货物的石油在 2 000 吨以上的，进出俄罗斯联邦境内港口的，或者抵达或驶离俄罗斯联邦领海的海上装卸站的船舶。"

丙、在第 7 款中，将字样"本章"用字样"本条第 6 款第 1 段和本法典第 323 条第 1 款"代替。

（51）增补第 324.1 条，内容如下：

第 324.1 条　必须要有的证书，不履行的后果

1. 灌注运输作为货物的石油在 2 000 吨以上的任何船舶，如果在该船舶上没有本法典第 324 条第 1 款或者第 6 款规定的证书的，不得进出俄罗斯联邦境内港口，或者不得抵达或驶离俄罗斯联邦领海的海上装卸站。

2. 如果违反本条第 1 款规定，船舶进出俄罗斯联邦境内港口，或者抵达或驶离俄罗斯联邦领海的海上装卸站，或者试图进出港口、试图抵达或驶离海上装卸站的，可以根据海港港务主任命令扣押船舶直到船舶所有人提供了相应证书为止。

（52）在第 325 条中：

甲、在第 2 款中：

将第 3 项叙述作下列修正：

"（3）不是船舶所有人的任何船东；";

在第（6）项中将字样"，如果污染损害不是这些人员自身故意实施或者重大过失实施的作为行为和不作为行为的结果"删除。

乙、增补 2.1 款，内容如下：

"2.1 污染损害赔偿诉讼不得向本条第 2 款规定人员提起，只要污染损害不是这些人员自身故意实施或者重大过失实施的作为行为和不作为行为的结果。"

丙、增补第 5 款，内容如下：

"5. 由于事故，污染损害在俄罗斯联邦境内包括在俄罗斯联邦领海或者其专属经济区内造成，或者在俄罗斯联邦境内包括在俄罗斯联邦领海或者其专属经济区内采取了防止或者减小污染损害的防止措施的，对船舶所有人、保险人或者为船舶所有人提供责任其他财务担保人的污染损害赔偿诉讼，向造成损害地的俄罗斯联邦法院或者仲裁庭提起。"

（53）在第 326 条第 2 款第 3 项中将字样"吨"删除。

（54）在第 327 条第 2 款中：

甲、将第 3 项第 3 段叙述作下列修正：

"经 1978 年议定书修订的《1973 年国际防止船舶造成污染公约》附则 Ⅱ 第 1.10 规则所确定的灌注运输的有毒液体物质。"；

乙、在第 4 项第 6 段中将字样"即使"，用字样"在具备……情况下"代替。

（55）在第 328 条第 4 段中将字样"由于其疏忽大意或者其他不法行为"，用字样"由于其过失或者其他违法行为"代替。

（56）在第 329 条中：

甲、在标题中将字样"重大"删除。

乙、将字样"重大"删除。

（57）将第 331 条叙述作下列修正：

第 331 条船舶所有人的责任限制

船舶所有人有权限制自己的责任，对于一起事件用下列方式计算总额：

对于吨位在 2 000 以下船舶，限额为 10 000 000 个计算单位；

对于吨位在 2 000 以上船舶，在本条第 2 段规定金额上，按下列每吨位增加限额：

吨位在 2 001 到 50 000 的，每吨位增加 1 500 个计算单位；

50 000 以上的，每吨位增加 360 个计算单位，无论在何种情形下，总额不得超过一亿个计算单位。

（58）在第 334 条中：

甲、将第 1 款叙述作下列修正：

"1. 已在俄罗斯联邦登记的并实际运输有害有毒物质的船舶所有人，为了抵补自己以本章规定为根据的损害责任，应当进行责任保险或者提供责任其他财务担保，该金额相当于其依据本法典第 331 条规定的污染损害责任限额金额。"

乙、增补第 3 款内容如下：

"3. 本条第 1 款规定相应适用于，悬挂外国旗航行的实际运输有害有毒物质的，进出俄罗斯联邦境内港口的，或者抵达或驶离俄罗斯联邦领海的海上装卸站的船舶。"

（59）在第 335 条中：

甲、在第 1 款中：

在第 4 段中将字样"主要营运地"用字样"营运主要地"代替；

在第 7 段中将字样"主要营运地"用字样"营运主要地"代替。

乙、在第 6 款中：

将字样"国家所有的并对其无须实施责任保险或者提供责任其他财务担保的"，用字样"俄罗斯联邦所有的实际运输有害有毒物质并对其无须实施责任保险或者提供责任其他财务担保的"代替；将字样"国家责任"用字样"责任"代替。

增补一段，内容如下：

"本款第 1 段规定相应适用于，外国所有的并实际运输有害有毒物质的，进出俄罗斯联邦境内港口的，或者抵达或驶离俄罗斯联邦领海的海上装卸站的船舶。"

丙、在第 7 款中，将字样"本章"用字样"本法典第 334 条第 1 款和本条第 6 款第 1 段"代替。

（60）增补第 335.1 条，内容如下：

第 335.1 条对应当要有的证书，不履行的后果

1. 实际运输有害有毒物质的任何船舶，在该船舶上没有本法典第 335 条第 1 款或者第 6 款规定证书的，不得进出俄罗斯联邦境内港口或者抵达或驶离俄罗斯联邦领海的海上装卸站。

2. 如果违反本条第 1 款规定，船舶进出俄罗斯联邦境内港口，或者抵达或驶离俄罗斯联邦领海的海上装卸站，或者试图进出港口、试图抵达或驶离海上装卸站的，根据海港港务主任命令可以扣押该船舶直到该船舶所有人提供有关证书为止。

（61）增补第十九·一章 内容如下：

"第十九·一章 燃料油污染损害责任

第 336.1 条船东责任根据

1. 从事件发生时起，或者，如果事件由相同缘由系列事故组成，从第一起事故发生时起，船东应对事件引起的任何由于船上装载的或者来源于船舶的燃料油所造成的污染损害承担责任，但是本法典第 336.2 条和第 336.3 条规定情形除外。

2. 如果只有一艘船舶参与事件，并且该船上多人依据本条第 1 款承担污染损害责任，则这些人员的责任是连带的。

3. 在本条和本章下列各条中：

（1）受害人是指公民、法人、国家或者其任何组成部分；

（2）船舶所有人是指作为船舶所有人登记的人。船舶属于国家并由作为船东登记的单位经营的，该单位为船舶所有人；

（3）燃料油是指任何用来或者拟用来操纵和推进船舶的烃类矿物油（包括润滑油）和包含该油的任何残渣；

（4）污染损害是指：

由于从船舶渗漏或者排放燃料油发生的船舶外污染造成任何损害，无论这种渗漏或者排放发生在何处。当所造成的环境损害赔偿不包括由于该损害所致盈利损失时，限于实际采取的或者应当要采取的合理恢复措施费用。

预防措施费用和该措施造成进一步损害。

（5）预防措施是指任何人在事件发生后采取的防止或者减小污染损害的任何合理措施。

（6）事件是指造成污染损害或者产生严重和直接该损害危险的任何事故或者相同缘由组成的系列事故。

第 336.2 条船东责任免除

船东不承担污染损害责任，如果有证据证明，损害：

（1）由于战争行为或者敌对行为、国内战争、民众骚乱造成，或者根据自己的属性为特有的不可避免和不可抗力的自然现象造成；

（2）完全是第三人故意实施污染损害的作为行为或者不作为行为造成；

（3）对负责航行灯和其他导航设备处于工作状态的公共事务当局，在他们履行该职责时，完全是其由于过失或者由于其他违法行为造成。

第 336.3 条受害人故意或者过失

船东有证据证明，污染损害完全是或者部分是受害人故意或者过失造成的，船东对该受害人可以完全或者部分免除责任。

第 336.4 条有两艘或者两艘以上船舶参与的事件

由于有两艘或者两艘以上的都适用于本章规定的船舶参与的事件所造成污染损害，且所有船东都不能以本法典第 336.2 条和第 336.3 条为根据免除责任的，则在上述船舶之间不能合理区分损害责任的情形下，这些船东对所有的在他们之间不能合理区分的污染损害承担连带责任。

第 336.5 条责任限制

本章规定不损及船东和为船舶所有人实施责任保险或者提供责任其他财务担保人，依据本法典第二十一章规定来限制自己责任的权利。

第 336.6 条责任保险或者责任其他财务担保

1. 吨位 1 000 以上的在俄罗斯联邦船舶登记的船舶所有人，对自己的污染损害责任应当实施保险或者提供责任其他财务担保，该总额与其依据本法典第二十一章规定确定的责任限额等值。

2. 本条第 1 款规定相应适用于，吨位 1 000 以上的进出俄罗斯联邦境内港口的，或者抵达或驶离俄罗斯联邦领海的海上装卸站的外国船舶。

第 336.7 条燃料油污染损害民事责任保险证书或者其他财务担保证书

1. 燃料油污染损害民事责任保险证书或者其他财务担保证书（下称证书），证明责任保险或者责任其他财务担保存在和依据本章规定有效。该证书由其登记机关颁发给每艘船舶，如果本法典第 336.6 条第 1 款规定的要求都得到满足。

2. 证书应当包括下列资料：

（1）船舶名称、其呼叫信号和登记港（地点）；

（2）船舶所有人名称和营运主要地；

（3）国际海事组织授予的船舶识别码；

（4）责任财务担保种类和有效期；

（5）保险人和提供责任其他财务担保人名称和营运主要地，和在有关情况下实施责任保险地和提供责任其他财务担保地；

（6）证书有效期，该期限不得超逾责任保险或者责任其他财务担保有效期。

3. 证书用俄文制作，并应当包含英文、法文和西班牙文译本。

4. 证书应当存放在船舶上，其副本应当交船舶登记机关保存。

5. 一项责任保险或者责任其他财务担保，如果该项担保与在证书中依据本条第 2 款规定的该保险或其他担保有效期满不同的其他原因，自将终止事项通知船舶登记机关时起 3 个月期限期满前可以终止，则不符合本条规定要求，但是该船舶登记机关废止证书或者在该规定期限内颁发新证书除外。

6. 本条第 5 款规定也适用于，致使责任保险或者提供责任其他财务不再符合本条规定要求的任何变更。

7. 本条规定的证书颁发和审查的条件和程序，由联邦运输行政管理机关批准的规定确定。

8. 吨位在 1 000 以上的俄罗斯联邦所有的并对其无须责任保险或者无须提供责任其他财务担保的船舶，应当要有相应船舶登记机关颁发的证书。该证书证明船舶为国家所有，并证明污染损害责任依据本法典第二十一章规定所确定的限额担保。上述证书应当尽可能地与本条第 1 款的规定证书相符合。

9. 本条第 8 款规定相应适用于,吨位 1 000 以上的进出俄罗斯联邦境内港口的,或者抵达或驶离俄罗斯联邦领海的海上装卸站的外国船舶。

10. 适用于本条第 8 款和本法典第 336.6 条第 1 款规定船舶,不具有依据本条第 1 款或者第 8 款颁发证书的,该船舶不得从事营运。

第 336.8 条对应当要有证书,不履行的后果

1. 吨位 1 000 以上任何船舶没有本法典第 336.7 条第 1 款或者第 8 款规定证书的,该船舶不得进出俄罗斯联邦境内港口,或者抵达或驶离俄罗斯联邦领海的海上装卸站。

2. 如果违反本条第 1 款规定,船舶进出俄罗斯联邦境内港口,或者抵达或驶离俄罗斯联邦领海的海上装卸站沿,或者试图进出港口、试图抵达或者驶离海上装卸站的,根据海港港务主任命令可以扣押该船舶,直到该船舶所有人提供有关证书为止。

第 336.9 条污染损害赔偿民事诉讼

1. 污染损害民事诉讼只有依据本章规定才可以向船舶所有人提起。

2. 遵守本条第 3 款规定的情况下,以本章规定为根据的污染损害赔偿诉讼不得向下列人员提起:

(1)经船舶所有人同意或者根据公共事务当局指令实施救助作业的任何人;

(2)采用预防措施的任何人;

(3)本款第 1 项和第 2 项中规定人员的工作人员或者代理人。

3. 污染损害民事诉讼不得向本条第 2 款规定人员提起,只要污染损害不是其自身故意实施的或者由于重大过失实施的作为行为或者不作为行为所致的。

4. 本章规定不损及船东向任何第三人的求偿权。

5. 污染损害民事诉讼可以直接向船舶所有人的污染损害责任的保险人或者提供责任其他财务担保人提起。在这种情形下，被告可以提起船东自身援引的其中包括依据本法典第 336.5 条责任限制的抗辩，但是援引船东单位破产或者清算除外。此外，即使船东无权限制本法典第 336.5 条的自己责任，被告可以限制自己的责任，限制总额相当于其依据本法典第 336.6 条第 1 款规定的保险金额或者其他财务担保金额。被告人为了自己的答辩，还可援引污染损害是船东自身故意造成的，但是，被告人不得使用船东对其提起的诉讼案中其有权援引的各种答辩资料。在任何情况下，被告人有权要求船东作为共同被告人参加诉讼。

6. 由于事故污染损害在俄罗斯联邦境内造成，其中包括在俄罗斯联邦领海或者在其专属经济区内，或者采取防止或者减小污染损害的预防措施在俄罗斯联邦境内，其中包括在俄罗斯联邦领海或者在其专属经济区内的，对船东的污染损害民事诉讼、对船舶所有人的保险人或者为船舶所有人提供责任其他财务担保人的污染损害民事诉讼，按照造成损害地向俄罗斯联邦法院或者仲裁庭提起。

第 336.10 条本章规定适用范围的除外

本章规定不适用于本法典第 316 条第 2 款第 5 项中确定的污染损害，不管该损害赔偿依据本法典第十八章规定是否支付。"

（62）在第 359 条中：

甲、在第 1 款中：

在第 1 项中：

在第 2 段中将字样"吨"删除；

在第 3 段中将字样"吨"删除，将字样"每超一吨吨位还应增加下列数额"，用字样"每超一吨位还应增加下列计算单位"代替；

在第 4 段中将字样"吨"删除；

在第 5 段中将字样"吨"删除；

在第 6 段中将字样"吨"删除。

在第 2 项中：

在第 2 段中将字样"吨"删除；

在第 3 段中将字样"吨"删除，将字样"每超一吨吨位还应增加下列数额"，用字样"每超一吨位还应增加下列计算单位"代替；

在第 4 段中将字样"吨"删除；

在第 5 段中将字样"吨"删除；

在第 6 段中将字样"吨"删除。

乙、在第 3 款中将字样"吨"删除。

丙、在第 4 款中将字样"吨"删除。

（63）在第 386 条第 3 款中，在字样"强制出售打捞起"后，增补字样"搁浅或者"；将字样"打捞沉没船舶费用"，修改为字样"打捞搁浅或者沉没船舶费用"。

（64）在第 408 条第 2 款第 4 段中，将字样"装载或者卸载提前结束的酬金"，用字样"装载或者卸载提前结束"代替。

（65）将第 410 条叙述作下列修正：

第 410 条船舶油污染损害、燃料油污染损害及海上运输有害和有毒物质所致损害的赔偿要求的民事诉讼时效

1. 船舶油污染损害赔偿诉讼、燃料油污染损害赔偿诉讼，可以自造成该损害之日起 3 年内提起，但是自造成该损害事件发生之日起 6 年期满前。

事件由系列事故组成的，则 6 年期间从第一起事故发生之日起计。

2. 海上运输有害有毒物质所致损害赔偿诉讼，自受害人知道或者应当知道所造成的损害和谁是船舶所有人之日起，可以在 3 年内提起，或者自造成该损害事件发生之日起 10 年内提起。

事件由系列事故组成的，则 10 年期间自最后一起事故发生之日起计。

（66）在第 415 条中：

甲、在标题中将字样"其它"，用字样"其他"代替（注）。

乙、将第 1 款叙述作下列修正：

"1. 应当国家登记的船舶所有权和其他物权，由船舶登记国法律确定。"

丙、在第 3 款中将字样"，如果建造船舶合同没有另有约定"删除。

（67）增补第 422.1 条，内容如下：

第 422.1 条由燃料油污染造成损害所产生的关系

燃料油污染造成损害的，本法典第十九·一章规定适用于：

在俄罗斯联邦境内其中包括在俄罗斯联邦领海和其专属经济区内，燃料油污染造成损害；

防止或者减少该损害的预防措施，不管该措施在何处采取。

（68）在第 423 条中：

甲、将标题叙述作下列修正：

第 423 条船舶或者任何其他财产的救助作业；

乙、将第 1 款叙述作下列修正：

"1. 对于在航道上或者其他水域处于危险的船舶或者其他任何财产的救助作业所产生的关系，适用本法典第二十章规定，如果争议审理在俄罗斯联邦。"

乙、第 2 款失效。

（69）将第425条叙述作下列修正：

第425条船舶或者在建船舶不动产抵押

1. 船舶不动产抵押登记效力，和由不动产抵押担保债务所产生要求在彼此之间的受偿顺序，由船舶登记国法律确定。

2. 在下列条件下，对已在外国登记簿中登记的船舶不动产抵押予以认可并强制实施：

（1）该不动产抵押依据船舶登记国法律设置并在登记簿中登记；

（2）登记簿和任何依据船舶登记国法律应当交付登记机关保存的各种文件均公开供查验，并从登记簿中摘录，还可从登记机关获取这些文件副本。

（3）在登记簿和上述文件中，至少包括设置不动产抵押的抵押权人的名称和地点，或者载明设置不动产抵押的持有人、不动产抵押所担保的债务金额、日期、其他的依据船舶登记国法律确定的相对于其他已登记的不动产抵押的受偿顺序的资料。

3. 在建船舶不动产抵押登记效力，和由不动产抵押担保各种债务所产生的各种要求在彼此之间受偿顺序，由船舶接受建造国或者正在建造国法律确定。

4. 所有涉及船舶或者在建船舶强制实施不动产抵押的问题，由强制实施不动产抵押国法律调整。

（70）将第426条叙述作下列修正：

第426条海事要求责任限制

海事要求责任限制适用审理海事要求受到责任限制的法院国法律。

第2条

2005年12月20日联法第168号联邦法律《因设立俄罗斯国际船舶登记簿，将变更列入俄罗斯联邦某些法律文件内》第1条第4款第10段失效。

第 3 条

使用字样"吨"的并依据《俄罗斯联邦海商法典》规定颁发的各种船舶文件和其他文件，在本联邦法律生效之日前仍有效。

俄罗斯联邦总统
Д. 梅德韦杰夫
莫斯科，克里姆林宫
2011 年 6 月 14 日
联法第 141 号

（注）иной 与 другой 同义，常可互换，但使用不及 другой 广泛，иной 语气文雅，常用于某些词组中。译者找不到合适的词，故仍将 иной 译为其他。

第 17 次修改

2011 年 7 月 18 日联法第 242 号联邦法律
《关于将变更列入有关国家检查（监督）和地方检查问题的俄罗斯联邦某些法律文件内》

国家杜马 2011 年 7 月 8 日通过
联邦委员会 2011 年 7 月 13 日批准

第 1 条至第 29 条（略）
第 30 条

将《俄罗斯联邦海商法典》（《俄罗斯联邦法律汇编》1999

年第 18 期，第 2207 号；2001 年第 22 期，第 2125 号；2005 年
第 52 期，第 5581 号；2006 年第 50 期，5279 号；2007 年第 46
期，第 5557 号；第 50 期，第 6246 号；2011 年第 25 期，第
3534 号）增补第 6.1 条，内容如下：

第 6.1 条商业航海国家监督的组织方式

1. 对商业航海国家监督产生的关系和对法人、个体企业主
检查的组织和实施产生的关系，适用 2008 年 12 月 26 日联法第
294 号联邦法律《关于实施国家检查（监督）和地方检查时法
人和个体企业主权利保护》规定，并考虑到本条第 2 款至第 6
款规定检查的组织和实施的特殊性。

2. 检查对象是指法人、个体企业主在实施自己活动过程中，
在商业航海安全方面，遵守俄罗斯联邦缔结的国家条约、本法
典、其他联邦法律和俄罗斯联邦其他规范性法律文件所规定要
求（下称强制要求）。

3. 实施计划检查的根据是：

（1）自经营海港基础设施项目的法人、个体企业主的最后
一次计划检查结束之日起 3 年期满，但是保障航行安全的港区
的和供航行水域的水工建筑、工程项目除外；

（2）自经营保障航行安全的港区的和供航行水域的水工建
筑、工程项目的法人、个体企业主的最后一次计划检查结束之
日起 1 年期满 。

4. 非计划检查根据是：

（1）法人、个体企业主执行国家监督机关下达的有关调查
违反强制要求免除命令期满；

（2）国家监督机关收到了公民包括个体企业主、法人请求
和申请。还有得到来自国家政权机关（国家监督机关公职人
员）、地方自治机关、大众传播媒介下列信息：关于产生海难和

交通事故与违反强制要求有关的实情、违反海港基础设施工程和船舶的经营规则的实情、违反货物运输和货物转运及旅客和行李运输的规则实情，如果该违反给人员人身伤亡、环境损害、国家安全损害、公民和法人的、国家或者地方的财产损害造成危险，或者导致该损害的原因；

（3）国家监督机关领导人（副职领导人），依据俄罗斯联邦总统或者俄罗斯联邦政府委托，或者以检察官的按照检察机关收到的材料和请求在执行法律监督范围内作业的非计划检查的要求为根据，所下达的有关实施非计划检查的命令（指令）。

5. 根据本条第 4 款第 2 项规定的启动非计划检查，可以由国家监督机关携带检察机关通知，按照 2008 年 12 月 26 日联法第 294 号联邦法律《关于实施国家检查（监督）和地方检查时法人和个体企业主权利保护》第 10 条第 12 部分规定的程序立即实施。

6. 预先将实施启动本条第 4 款第 2 项规定的非计划检查消息通知法人、个体企业主，不予许可。

第 31 条至第 70 条（略）

第 71 条

1. 本联邦法律（含第 30 条——译者注）自 2011 年 8 月 1 日起生效，但是本条有其他生效日期规定的除外。

第 2 款至第 4 款（略）

> 俄罗斯联邦总统
> Д. 梅德韦杰夫
> 莫斯科，克里姆林宫
> 2011 年 7 月 18 日
> 联法第 242 号

第 18 次修改

2011 年 7 月 19 日联法第 248 号联邦法律
《因技术调整方面的联邦法律实施，将变更列入
俄罗斯联邦某些法律文件内》

国家杜马 2011 年 7 月 7 日通过

联邦委员会 2011 年 7 月 13 日批准

第 1 条至第 32 条（略）

第 33 条

在《俄罗斯联邦海商法典》（《俄罗斯联邦法律汇编》1999 年第 18 期，第 2207 号）第 139 条第 1 款中，将字样"国家标准"用字样"强制要求"代替。

第 34 条至第 49 条（略）

第 50 条

1. 本联邦法律自其正式公布之日后 90 日期满生效，但是本联邦法律第 37 条除外。

2. 本联邦法律第 37 条生效日期（略）。

俄罗斯联邦总统

Д. 梅德韦杰夫

莫斯科，克里姆林宫

2011 年 7 月 19 日

联法第 248 号

第 19 次修改

2011 年 11 月 7 日联法第 305 号联邦法律
《关于因国家采取措施扶持船舶建造和航运业，故将变更列入俄联邦某些法律文件内》

国家杜马 2011 年 10 月 21 日通过
联邦委员会 2011 年 10 月 26 日批准

第 1 条（略）

第 2 条

将下列变更列入《俄罗斯联邦海商法典》（《俄罗斯联邦法律汇编》1999 年第 18 期，第 2207 号；2005 年第 52 期，第 5581 号；2007 年第 46 期，第 5557 号；2011 年第 25 期，第 3534 号）：

（1）在第 33 条中：

甲、将第 7 款叙述作下列修正：

"7. 在俄罗斯国际船舶登记簿中可以登记：

（1）用于国际货物、旅客及其行李运输、拖带的船舶。已在外国船舶登记簿中登记的船舶，并且这些船舶在递交关于俄罗斯国际船舶登记簿中登记申请书之日的船龄超过 15 年的，这些船舶在俄罗斯国际船舶登记簿中不应当登记。

（2）用于沿海航行和拖带船舶，在登记时这些船舶的船龄未超 15 年；

（3）用于海床及其底部矿产和其他非生物资源的勘探、开采船舶、用于水工工程、水下工程船舶，以及用于保障上述工程和活动方式的船舶；

（4）主发动机功率不少于 55 千瓦的机动船舶和不少于 80 吨位的非机动船舶，这些船舶由俄罗斯船舶建造单位在 2010 年 1 月 1 日后建造，并且用于本法典第 2 条规定目的。"

乙、增补第 8 款，内容如下：

"8. 本条第 7 款中列举的用于该条款所述工程、服务和业务种类的船舶出租，也可用于上述工程、服务和业务。"

（2）第 47 条第 2 款第 3 段失效。

第 3 条至第 11 条（略）

第 12 条

1. 本联邦法律自其正式公布之日起生效（含第 2 条——译者注），但是本条另有其他生效期规定的除外。

2.（略）

3.（略）

俄罗斯联邦总统

Д. 梅德韦杰夫

莫斯科，克里姆林宫

2011 年 11 月 7 日

联法第 305 号

第 20 次修改

2011 年 11 月 21 日联法第 327 号联邦法律
《关于因通过联邦法律〈关于有序拍卖〉，
将变更列入俄罗斯联邦某些法律文件内》

国家杜马 2011 年 11 月 2 日通过
联邦委员会 2011 年 11 月 9 日批准

第 1 条至第 9 条（略）

第 10 条

在《俄罗斯联邦海商法典》（《俄罗斯联邦法律汇编》1999 年第 18 期，第 2207 号）第 169 条第 2 款第 2 项中，将字样"在商品交易所价格确定，"用字样"在市场交易所拍卖价格确定，"代替。

第 11 条至第 40 条（略）

第 41 条

1. 本联邦法律自 2012 年 1 月 1 日起生效，但是本条有其他生效日期规定的除外。

2. 第 38 条第 1 段和第 1 款自本联邦法律正式公布之日起生效。

3. 对本联邦法律第 39 条等规定，规定生效日期。（略）

4. 对本联邦法律第 38 条和第 40 条等规定，规定生效日期。（略）

俄罗斯联邦总统

д. 梅德韦杰夫

莫斯科，克里姆林宫

2011 年 11 月 21 日

联法第 327 号

第 21 次修改

2012 年 4 月 23 日联法第 36 号联邦法律
《关于将变更列入有关确定过于小型船舶
概念方面的俄罗斯联邦法律文件内》

国家杜马 2012 年 4 月 13 日通过
联邦委员会 2012 年 4 月 18 日批准

第 1 条

将下列变更列入《俄罗斯联邦海商法典》（《俄罗斯联邦法律汇编》1999 年第 18 期，第 2207 号；2004 年第 45 期，第 4377 号；2005 年第 52 期，5581 号；2007 年第 46 期，第 5557 号；第 50 期，第 6246 号；2009 年第 1 期，第 30 号；第 29 期，第 3625 号；2011 年第 25 期，第 3534 号；第 45 期，第 6335 号）：

（1）在第 6 条第 4 款中，将字样"对体育运动船舶和娱乐船舶"，用字样"对体育运动帆船、娱乐船舶以及用于非商业目的的过于小型船舶"来代替。

（2）将第 7 条补充第 3 款至第 5 款，内容如下：

"3. 本法典所称过于小型船舶，是指长度不得超过 20 米，且载员人数不得超过 12 人的船舶。

4. 本法典所称娱乐船舶，是指载员人数不得超过 18 人其中包括载客不得超过 12 人的，用于非商业目的水上休闲项目的船舶。

5. 本法典所称体育运动帆船，是指建造用于或者改建用于体育运动的将风力作为基本动力的非商业经营的船舶。"

（3）在第 10 条中，将数字"23 条、27 条"删除。

（4）在第 14 条中：

甲、在第 2 款中，将字样"在国家船舶登记簿、俄罗斯国际船舶登记簿或者船舶登记簿"，用字样"在作了船舶登记的船舶登记簿"来代替；

乙、在第 3 款的字样"组织，"后，增补字样"他们满足本法典第 15 条第 1 款规定要求，"。

（5）在第 16 条中：

甲、在第 1 款中，将字样"在本法典第 33 条第 1 款规定的俄罗斯船舶登记簿中，从其中一个登记簿登记"，用字样"在国家登记"来代替；

乙、在第 2 款中，将字样"在国家船舶登记簿、俄罗斯国际船舶登记簿或者船舶登记簿中船舶登记"，用字样"在船舶国家登记"来代替。

（6）在第 19 条第 1 款中：

甲、在第 1 段中，将字样"船舶登记簿"用字样"过于小型船舶登记簿"代替；

乙、在第 4 段中，将字样"船舶登记簿"用字样"过于小型船舶登记簿"代替；

（7）在第 20 条第 1 款第 1 项中，将字样"在国家船舶登记簿、俄罗斯国际船舶登记簿或者船舶登记簿中登记"，用字样"在国家登记中"来代替。

（8）在第 22 条中：

甲、将第 1 款的叙述作下列修正：

"1. 属于国家登记船舶应当将船舶定级和检验。"

乙、将第 2 款增补 1 段，内容如下：

"体育运动帆船以及用于非商业为目的的过于小型船舶的定

级和检验，按照俄罗斯联邦政府规定的程序实施。"

（9）将第 23 条第 1 款的叙述作下列修正：

"1. 船舶由俄罗斯的被授权船舶定级和检验的机构，或者由符合俄罗斯联邦缔结的国际条约要求的外国船级协会检验，但是用于非商业为目的的过于小型船舶除外。"

（10）在第 24 条第 1 款中将字样"第 22 条"用字样"第 23 条"代替；

（11）在第 25 条：

甲、在第 1 款中：

将第 1 段的叙述作下列修正：

"1. 应当国家登记的船舶，除了本法典第 27 条第 1 款规定的船舶外，应当具有下列各种证件："

在第 1 项字样"证书"后增补字样"（临时证书）"；

乙、第 2 款第 2 段失效。

（12）将第 27 条第 1 款第 1 段的叙述作下列修正：

"1. 属于国家登记的体育运动帆船、娱乐船舶和过于小型船舶应当要有下列各种船舶证书："

（13）在第 29 条第 1 款中，将字样"登记"用字样"国家登记"代替。

（14）在第 33 条中：

甲、将第 1 款的叙述作下列修正：

"1. 船舶应当在俄罗斯联邦各种船舶登记簿中的其中一个登记簿中国家登记（下称各种船舶登记簿）：

（1）国家船舶登记簿；

（2）过于小型船舶登记簿；

（3）光船租赁登记簿；

（4）俄罗斯国际船舶登记簿；

（5）在建船舶登记簿。"

乙、补充第 1.1 款，内容如下：

"1.1、无须国家登记的船舶，有小艇和其他为船舶属具的浮动装置、质量在 200 公斤（含本数）以下的和发动机马力（在安装情况下）在 8 千瓦（含本数）以下的船舶，以及既没有发动机也没有休闲场所的长度不超过 9 米的体育运动帆船。"

丙、在第 2 款中：

在第 1 段中，将字样"船舶登记簿"用字样"过于小型船舶登记簿"代替；在第 3 段中，将字样"登记"用字样"国家登记"代替。

丁、在第 3 款中，将字样"船舶登记簿"用字样"过于小型船舶登记簿"代替。

戊、在第 4 款第 2 段中，将字样"规则"更改为字样"国家登记规则"。

己、将第 5 款的叙述作下列修正：

"5. 船舶在国家船舶登记簿中登记，但是为非商业目的所使用的过于小型船舶除外。

为非商业目的所使用的过于小型船舶在过于小型船舶登记簿登记。"

庚、在第 7 款中：

在第 1 项中，将字样"应当登记"用字样"应当国家登记"代替；将字样"关于在俄罗斯国际船舶登记簿中登记"用字样"关于在俄罗斯国际船舶登记簿中国家登记"代替；

在第 2 项中，将字样"在登记时"用字样"在递交国家登记申请书之日"代替。

（15）在第 34 条中：

甲、在第 1 款中，将字样"登记"用字样"国家登记"代替；将字样"船舶登记簿"用字样"过于小型船舶登记簿"代替；

乙、在第 2 款中，将字样"登记"用字样"国家登记"代替。

（16）将第 35 条叙述作下列修正：

"第 35 条、实施船舶国家登记的机关

1. 在国家船舶登记簿和光船租赁登记簿中的国家登记，由海港港务主任实施。

2. 在过于小型船舶登记簿中的船舶国家登记，由俄罗斯联邦政府授权的机关实施。

3. 在俄罗斯国际船舶登记簿中的国家登记，由海港港务主任实施，该海港名录由俄罗斯联邦政府批准。"

（17）第 36 中，将字样"登记"用字样"国家登记"代替；将字样"船舶登记簿"用字样"过于小型船舶登记簿"代替。

（18）第 37 中：

甲、在标题中，将字样"登记"用字样"国家登记"代替。

乙、在第 2 款中：

在第 1 项中，将字样"船舶登记簿"用字样"过于小型船舶登记簿"代替；

在第 2 项中，将字样"登记"用字样"国家登记"代替；将字样"船舶登记簿"用字样"过于小型船舶登记簿"代替；

丙、在第 3 款中：

在第 2 项中，将字样"登记"用字样"国家登记"代替；将字样"登记审核"用字样"国家登记审核"代替；将字样"登记规则"用字样"国家登记规则"代替；将字样"船舶登记簿"用字样"过于小型船舶登记簿"代替；

在第 3 项中，将字样"登记"用字样"国家登记"代替。

（19）第 38 条中：

甲、在标题中，将字样"登记"用字样"国家登记"代替；

乙、在第 1 款第 1 段中，将字样"登记"用字样"国家登记"代替；

丙、在第 2 款中，将字样"登记"用字样"国家登记"代替。

（20）第 39 条中：

甲、在标题中，将字样"船舶登记簿"用字样"过于小型船舶登记簿"代替；

乙、在第 1 款中，将字样"登记"用字样"国家登记"代替；将字样"船舶登记簿"用字样"过于小型船舶登记簿"代替。

丙、在第 2 款中：

在第 1 段中，将字样"船舶登记簿"用字样"过于小型船舶登记簿"代替；

在第 2 段中，将字样"登记"用字样"国家登记"代替；

在第 3 段中，将字样"登记"用字样"国家登记"代替；

在第 15 段中，将字样"船舶登记簿"用字样"过于小型船舶登记簿"代替。

丁、在第 3 款第 1 段中，将字样"船舶登记簿"用字样"过于小型船舶登记簿"代替。

（21）在第 40 条中：

甲、在第 1 款中，将字样"登记"用字样"国家登记"代替；

乙、在第 3 款中，将字样"登记"用字样"国家登记"代替。

丙、在第 4 款中：

在第 1 段中，将字样"登记"用字样"国家登记"代替；

在第 2 段中，将字样"登记"用字样"国家登记"代替。

（22）在第 41 条中，将字样"载入"用字样"应当载入"代替；将字样"船舶登记簿"用字样"过于小型船舶登记簿"代替。

（23）在第 42 条中：

甲、在标题中，将字样"在国家船舶登记簿、俄罗斯国际船舶登记簿和船舶登记簿中的原始船舶登记"，用字样"船舶国家原始登记"代替；

乙、将字样"……原始登记"，用字样"1. ……. 国家原始登记"代替；将字样"在国家船舶登记簿、俄罗斯国际船舶登记簿或者船舶登记簿中"删除。

丙、增补第 2 款，内容如下：

"2. 船舶国家原始登记由船舶国家登记机关自颁发悬挂俄罗斯联邦国旗航行权临时证书起 3 个月内实施。在船舶符合国家登记要求条件下，自船舶国家原始登记时起最迟 3 个月内，悬挂俄罗斯联邦国旗航行权证书由船舶国家登记机关颁发，以代替悬挂俄罗斯联邦国旗航行权临时证书。"

（24）将第 43 条叙述作下列修正：

"第 43 条 船舶国家登记的港口（地点）变更

1. 根据船东的申请，船舶国家登记港（地点）可以变更。船舶国家登记港（地点）变更时，以原船舶国家登记港（地点）港务主任移交的各种证件为依据，将在原船舶国家登记港（地点）办理的船舶登记簿中的所有资料，载入新的船舶国家登记港（地点）办理的船舶登记簿内。

2. 在新船舶国家登记港（地点）办理的船舶登记簿内的船舶国家登记，由重新颁发的悬挂俄罗斯联邦国旗航行权证书或者各船舶证实。"

（25）将第 44 条叙述作下列修正：

"第 44 条船舶国家重新登记

由于发生事故或者由于其他原因，船舶不再符合原载入船舶登记簿的资料的，船舶按照本法典第 33 条第 4 款规定程序从船舶登记簿中注销，并在船舶检验后可以按照本法典规定程序重新进行船舶国家登记。"

（26）在第 45 条标题中，将字样"登记"用字样"国家登记"代替。

（27）在第 46 条中：

甲、在标题中，将字样"登记"用字样"国家登记"代替。

乙、在第 1 款中：

在第 1 段中，将字样"登记"用字样"国家登记"代替；

在第 2 段中，将字样"登记"用字样"国家登记"代替；

在第 4 段中，将字样"登记"用字样"国家登记"代替；

丙、在第 2 款中，将字样"登记"用字样"国家登记"代替。

（28）在第 47 条中：

甲、在第 1 款第 1 段中，将字样"船舶登记簿"用字样"过于小型船舶登记簿"代替。

乙、第 2 款中：

在第 4 段中将字样"登记"用字样"国家登记"代替；

在第 5 段中将字样"登记"用字样"国家登记"代替。

（29）第 51 条中：

甲、在标题中，将字样"登记"用字样"国家登记"代替；

乙、将字样"登记"用字样"国家登记"代替。

（30）在第 76 条第 3 段中，将字样"登记"用字样"国家登记"代替。

（31）在第90条第1款中，将字样"由海港港务主任按照规定程序"，用字样"按照联邦运输行政管理机关规定程序"代替。

（32）在第324条中：

甲、在第1款中：

在第1段中，将字样"登记"用字样"国家登记"代替；

在第3段中，将字样"登记"用字样"国家登记"代替；

乙、在第3款中将字样"登记"用字样"国家登记"代替；

丙、在第4款第1段中，将字样"登记"用字样"国家登记"代替；

丁、在第6款第1段中，将字样"登记"用字样"国家登记"代替。

（33）在第335条中：

甲、在第1款中：

在第1段中将字样"登记"用字样"国家登记"代替；

在第3段中将字样"登记"用字样"国家登记"代替。

乙、在第3款中将字样"登记"用字样"国家登记"代替。

丙、在第4款第1段中将字样"登记"用字样"国家登记"代替。

丁、在第6款第1段中将字样"登记"用字样"国家登记"代替。

（34）第336.7条中：

甲、在第1款中将字样"登记"用字样"国家登记"代替；

乙、在第2款第1项中，将字样"登记"用字样"国家登记"代替；

丙、在第4款中，将字样"登记"用字样"国家登记"

代替；

丁、在第 5 款中，将字样"登记"用字样"国家登记"代替；

戊、在第 8 款中，将字样"登记"用字样"国家登记"代替。

（35）在第 377 条中：

甲、在第 4 款中：

在第 2 段中，将字样"船舶登记簿"用字样"过于小型船舶登记簿"代替；

在第 3 段中，将字样"船舶登记簿"用字样"过于小型船舶登记簿"代替。

乙、在第 6 款中，将字样"船舶登记簿"用字样"过于小型船舶登记簿"代替。

（36）在第 378 条中，将字样"船舶登记簿"用字样"过于小型船舶登记簿"代替。

（37）在第 380 条第 2 款中，将字样"船舶登记簿"用字样"过于小型船舶登记簿"代替。

（38）在第 381 条第 2 款中，将字样"船舶登记簿"用字样"过于小型船舶登记簿"代替。

（39）在第 383 条中：

甲、在第 1 款中，将字样"船舶登记簿"用字样"过于小型船舶登记簿"代替；

乙、在第 2 款中，将字样"船舶登记簿"用字样"过于小型船舶登记簿"代替；将字样"登记机关"用字样"船舶国家登记机关"代替。

（40）在第 385 条第 1 款第 2 段中，将字样"登记机关"用字样"国家登记机关"代替。

（41）在第 386 条第 5 款第 3 段中，将字样"船舶登记簿"用字样"过于小型船舶登记簿"代替。

第 2 条

将下列变更列入《俄罗斯联邦税法典》第 2 部分第 333.33 条第 1 款等。（略）

第 3 条

将下列变更列入《俄罗斯联邦内河运输法典》内。（略）

第 4 条

将下列变更列入《俄罗斯联邦行政违法法典》内。（略）

第 5 条

认定失效的有：

（1）有关《俄罗斯联邦内河运输法典》某个条款；（略）

（2）有关《俄罗斯联邦税法典》等某些条款；（略）

（3）2011 年 6 月 14 日联法第 141 号联邦法律《关于将变更列入〈俄罗斯联邦海商法典〉》（《俄罗斯联邦法律汇编》2011 年第 25 期第 3534 号）第 1 条第 12 款第 18 段。

第 6 条

1. 本联邦法律在其正式公布之日后 30 日期满生效，但是本联邦法律第 2 条除外。

2. 本联邦法律第 2 条自其正式公布之日起 1 个月期满生效。

俄罗斯联邦总统

д. 梅德韦杰夫

莫斯科，克里姆林宫

2012 年 4 月 23 日

联法第 36 号

第 22 次修改

**2012 年 6 月 14 日联法第 78 号联邦法律
《因通过〈关于造成旅客人身伤亡、财产损失的承运
人民事责任强制保险〉和〈关于地铁运输旅客时造成
该损害的赔偿程序〉的联邦法律，故将变更列入俄联邦
某些法律文件内》**

国家杜马 2012 年 5 月 25 日通过
联邦委员会 2012 年 6 月 6 日批准

第 1 条至第 3 条（略）
第 4 条

将下列变更列入《俄罗斯联邦海商法典》（《俄罗斯联邦法
律汇编》1999 年第 18 期，第 2207 号；2011 年第 25 期，第
3534 号）内：

（1）将第 177 条第 3 款叙述作下列修正：

"3. 旅客是指签订海上旅客运输合同的自然人，或者为了其
运送签订船舶租用合同的自然人。"

（2）在第 197 条中：

甲、在第 2 款中，将字样"依据俄罗斯联邦民事法律"，用
字样"由俄罗斯联邦缔结的国际条约，或者，如果本法典或者
海上旅客运输合同对上述损害没有规定更高赔偿金额，依据俄
罗斯联邦民事法律"代替；

乙、增补第 2.1 款，内容如下：

"2.1 在海上旅客运输造成一名旅客死亡的损害赔偿金项目

下，承运人给在供养人死亡时按俄罗斯联邦民事法律有损害赔偿权的公民应当保障支付赔偿金，没有该些公民的，支付给死亡旅客的配偶、双亲、子女；而在没有独立收入的旅客死亡时，支付给抚养或者赡养该旅客的公民，上述总额为 200 万卢布。上述赔偿金在有权获得该赔偿金的公民之间，与这些公民所应得定额按比例确定。"

丙、增补第 2.2 款，内容如下：

"2.2 在海上旅客运输造成一名旅客人身伤害赔偿金项目下，承运人应当保障支付赔偿金，其总额根据伤害性质和程度依据俄罗斯联邦政府规定标准确定。上述赔偿金额不得超过 200 万卢布。"

丁、增补第 2.3 款，内容如下：

"2.3 依据俄罗斯联邦民事法律确定的海上旅客运输造成人身伤亡损害赔偿金额，超过伤亡赔偿金项目下赔偿金额的，上述赔偿金的支付并不免除承运人对超过支付赔偿金总额的那部分的损害赔偿。"

第 5 条至第 11 条　　（略）

第 12 条

1. 本联邦法律自 2013 年 1 月 1 日起生效，但是本联邦法律第 1 条和第 7 条除外。

2. 本联邦法律第 1 条和第 7 条自 2013 年 4 月 1 日起生效。

俄罗斯联邦总统

B. 普京

莫斯科，克里姆林宫

2012 年 6 月 14 日

联法第 78 号

第 23 次修改

2012 年 7 月 28 日联法第 132 号联邦法律
《将变更列入有关国家调整北方海路水域商业航海方面的俄罗斯联邦某些法律文件内》

国家杜马 2012 年 7 月 3 日通过
联邦委员会 2012 年 7 月 18 日批准

第 1 条

将 1995 年 8 月 17 日联法第 147 号联邦法律《关于自然垄断》第 4 条第 1 款增补一段，内容如下。（略）

第 2 条

将 1998 年 7 月 31 日联法第 155 号联邦法律《俄罗斯联邦内海、领海和毗连区》第 14 条（《俄罗斯联邦法律汇编》1998 年第 31 期，第 3833 号；2008 年第 30 期，第 3616 号）叙述作下列修正：

"第 14 条在北方海路水域航行

在历史上形成的俄罗斯联邦北方运输线路水域航行，依据国际法公认的原则和规范、俄罗斯联邦缔结的国际条约、本联邦法律、其他联邦法律和依据这些法律颁发的其他规范性法律文件实施。"

第 3 条

将下列变更列入《俄罗斯联邦海商法典》（《俄罗斯联邦法律汇编》1999 年第 18 期，第 2207 号；2001 年第 22 期，第 2125 号；2005 年第 52 期，第 5581 号；2006 年第 50 期，第

5279 号；2007 年第 46 期，第 5557 号；第 50 期，第 6246 号；
2011 年第 25 期，第 3534 号；第 30 期，第 4590 号；2012 年第
18 期，第 2128 号）内：

（1）在第 2 条第 5 段"引航"字样后增补字样"、冰间引
航"。

（2）在第 5 条第 4 款中：

甲、在 1 项中字样"航线"，用字样"水域"代替；

乙、在 2 项中字样"在……航线"，用字样"在……水域"
代替。

（3）增补第 5.1 条，内容如下：

"第 5.1 条 在北方海路水域航行

1. 北方海路水域，是指与俄罗斯联邦北部海岸毗邻包括俄
罗斯联邦内海、领海、毗连区和经济专属区的，在东线海域限
于与美利坚合众国划分和白令海峡上的杰日尼奥夫角的纬线为
界的，在西线海域到新地列岛热拉尼耶角的经线、新地列岛东
海岸线和马托奇金海峡、喀拉海峡、尤戈尔海峡的西部界限为
界的水区。

2. 为了保障航海安全以及为了对船舶污染海洋环境的预防、
减小并保持监督，适用由俄罗斯联邦政府授权的联邦行政机关
所批准的北方海路水域航行规则，该规则包括：

（1）在北方海路水域船舶航行的组织程序；

（2）在北方海路水域船舶破冰引航规则；

（3）在北方海路水域船舶冰间引航规则；

（4）在北方海路水域按照线路的船舶导航规则；

（5）在北方海路水域有关船舶航行的导航水文地理和水文
气象的保证方面的规定；

（6）在北方海路水域船舶航行时无线电联络规则；

（7）其他涉及船舶在北方海路水域航行的组织管理规定。

3. 在北方海路水域船舶航行的组织由北方海路行政机关实施。该机关以联邦官方机关方式设立并行使下列基本职权：

（1）对北方海路水域船舶航行许可证的申请的受理、审查并颁发北方海路水域船舶航行许可证；

（2）对北方海路水域的水文气象状况、冰情、导航设备实施监控；

（3）对北方海路水域的导航器材的设置和对该水域的水文地理工程实施区域审查同意；

（4）在船舶航行组织管理方面、在船舶安全航行的、船舶航行的导航水文地理的、船舶破冰导航的保障的要求方面，提供信息服务（适合于北方海路水域）；

（5）考虑到北方海路水域的水文气象状况、冰情、导航设备状况，对该水域船舶航行拟定路线和使用破冰船队船舶制定建议；

（6）在北方海路水域对组织实施搜寻和救助作业进行协助；

（7）给船舶冰间引航人员颁发有关北方海路水域船舶冰间引航权证书；

（8）对船舶上的有害有毒物质、污水或者垃圾所产生的污染进行的清理作业实施协助。

4. 在具备下列条件下，颁发本条第3款第1项规定的北方海路水域船舶航行许可证：船舶符合俄罗斯联邦缔结的国际条约、俄罗斯联邦法律、本条第2款的北方海路水域航行规则所规定的安全航行和防止船舶污染保护海洋环境要求（适合于北方海路水域），并提供了各种证书，证明具有俄罗斯联邦缔结的国际条约、俄罗斯联邦法律规定的有关船舶污染损害和船舶造成的其他损害的民事责任保险和其他财务担保。

5. 在北方海路水域船舶破冰引航、冰间引航收费金额，依据俄罗斯联邦关于自然垄断法律并考虑到船舶吨位、船舶冰间航行级别、该船舶引航距离和引航期间确定。

在北方海路水域船舶破冰引航、冰间引航酬金，根据实际提供的服务工作量确定。

（4）在第79条第1款中，在"为了审查船舶是否有各种证件"后，增补字样"，其中包括俄罗斯联邦缔结的国际条约、俄罗斯联邦法律规定的有关船舶污染损害或者船舶造成其他损害的民事责任保险或者其他财务担保的各种证件"。

（5）将第107条第1款增补字样"，以及在北方海路水域沉没财产打捞、清除和销毁"。

（6）将第247条叙述作下列修正：

"第247条本章规定的适用

1. 合同双方没有另有约定的，适用本章规定。在本章明文规定情况下，与本章规定不符合的合同双方协议无效。

2. 北方海路水域航行船舶，适用本章规定。"

（7）将249条第3款字样"对于在俄罗斯国际船舶登记簿中已登记的船舶"后，增补字样"和外国船舶，"

第4条

本联邦法律自其正式公布之日后180日期满生效。

俄罗斯联邦总统

B. 普京

莫斯科，克里姆林宫

2012 年 7 月 28 日

联法第 132 号

第 24 次修改

2013 年 7 月 23 日联法第 225 号联邦法律
《关于将变更列入俄罗斯联邦某些法律文件内》

国家杜马 2013 年 7 月 5 日通过
联邦委员会 2013 年 7 月 10 日批准

第 1 条

将下列变更列入《俄罗斯联邦海商法典》（《俄罗斯联邦法律汇编》1999 年第 18 期，第 2207 号；2005 年第 22 期，第 5581 号；2006 年第 50 期，第 5279 号；2007 年第 46 期，第 5557 号；第 50 期，第 6246 号；2008 年第 29 期，第 3418 号；2009 年第 1 期，第 30 号；2010 年第 27 期，第 3425 号；2011 年第 25 期，第 3534 号；2012 年第 18 期，第 2128 号）：

（1）将第 7 条增补第 6 款，内容如下：

"6. 本法典所称海上浮动平台，是指专门用于海床及其底部矿产和其他非生物资源的勘探、开采的船舶。"

（2）在第 9 条中：

甲、在标题中将字样"海港、港务当局"用字样"海港"代替；

乙、第 2 款失效。

（3）将第 74 条第 1 款的叙述作下列修正：

"1. 海港港务主任行使本联邦法律、其他联邦法律、俄罗斯联邦政府的规范性法律文件所赋予的海港行政职权。"

（4）第 75 条失效。

（5）在第 76 条第 1 段中，将字样"保障海港的航海安全和秩序的"删除。

（6）在第 81 条中：

甲、在标题中将字样"港务当局"用字样"海港港务主任"代替；

乙、在第 1 款第 1 段中将字样"港务当局"用字样"海港港务主任"代替；将字样"可以扣留"（现在时复数第三人称——译者注）用字样"可以扣留"（现在时单数第三人称——译者注）代替。

丙、在第 2 款中将字样"港务当局"用字样"海港港务主任"代替。

（7）在第 111 条中：

甲、在标题中将字样"港务当局"用字样"海港行政机关"代替；

乙、在第 1 款第 1 段中将字样"港务当局有"用字样"海港行政机关有"代替。

（8）在第 113 条中：

甲、在标题中将字样"港务当局"用字样"海港行政机关"代替；将字样"由他们"用字样"由他"代替；

乙、在第 1 段中将字样"港务当局有权"用字样"海港行政机关有权"代替。

（9）在第 123 条中：

甲、在第 1 款中将字样"港务当局"用字样"海港港务主任"代替；

乙、在第 2 款中将字样"港务当局立即通知"用字样"海港港务主任立即通知"代替。

（10）在第 237 条第 1 款中将字样"港务当局"用字样"海港港务主任"代替。

（11）将第 337 条第 4 款第 2 段叙述作下列修正：

"固定式平台或者海上浮动式平台，如果该类平台已就位实施海床及其底部矿产和其他非生物资源的勘探和开采。"

（12）将第 366 条第 2 款第 3 段叙述作下列修正：

"海上浮动式平台。"

（13）在第 386 条第 3 款中，将字样"港务当局"用字样"海港行政机关"代替。

（14）在第 388 条第 5 款中，将字样"港务当局"删除。

第 2 条

将变更列入 2007 年 2 月 9 日联法第 16 号联邦法律《关于运输安全》内。（略）

第 3 条

将变更列入 2007 年 11 月 8 日联法第 261 号联邦法律《关于俄罗斯联邦海港和关于将变更列入俄罗斯联邦某些法律文件》内。（略）

第 4 条

本联邦法律自其正式公布之日后 80 日期满生效。

俄罗斯联邦总统

B. 普京

莫斯科，克里姆林宫

2013 年 7 月 23

联法第 225 号

第 25 次修改

2014 年 2 月 3 日联法第 15 号联邦法律
《关于将变更列入某些保障运输安全问题的
俄联邦法律文件内》

国家杜马 2014 年 1 月 24 日通过
联邦委员会 2014 年 1 月 29 日批准

第 1 条至第 4 条（略）

第 5 条

将《俄罗斯联邦海商法典》（《俄罗斯联邦法律汇编》1999 年第 18 期，第 2207 号；2007 年第 46 期，第 5557 号；2009 年第 1 期，第 30 号；2011 年第 25 期，第 3534 号；2012 年第 18 期，第 2128 号；2013 年第 30 期，第 4058 号）第 76 条增加两段，内容如下：

"保障海港港区水域运输安全，其中包括采取措施，防止、阻止海船和其他船舶在海港港区水域违法停留和运行；

将在港区实施危险行为或者非法干扰行为向在联邦行政管理机关运输安全部门的被授权人报告。"

第 6 条至第 15 条（略）

第 16 条

1. 本联邦法律自其正式公布之日起生效，但是本条另有其他生效期规定的除外。

2. 本联邦法律第 7 条第 1 款至第 4 款和第 6 款至第 10 款、第 9 条第 7 款和第 13 款、第 15 条在本联邦法律正式公布之日后 90 日期满生效。

3. 本联邦法律第 2 条在本联邦法律正式公布之日后 120 日期满生效。

俄罗斯联邦总统

B. 普京

莫斯科，克里姆林宫

2014 年 2 月 3 日

联法第 15 号

第 26 次修改

2014 年 10 月 14 日联法第 307 号联邦法律
《关于将变更列入〈俄罗斯联邦行政违法法典〉和俄罗斯联邦某些法律文件内，和关于因在国家检查和地方检查方面国家机关和地方机关职权变更，认定俄罗斯联邦法律文件某些规定失效》

国家杜马 2014 年 9 月 17 日通过

联邦委员会 2014 年 10 月 1 日批准

第 1 条至第 15 条（略）

第 16 条

将下列变更列入《俄罗斯联邦海商法典》（《俄罗斯联邦法律汇编》1999 年第 18 期，第 2207 号；2005 年第 52 期，第 5581 号；2007 年第 46 期，第 5557 号；第 50 期，第 6264 号；2008 年第 30 期，第 3616 号；2011 第 25 期，第 3534 号；2012

年第 18 期，第 2128 号），内容如下：

（1）在第 6 条中：

甲、在第 1 款中将字样"由在运输方面行使检查和监督职权的联邦行政管理机关（下称联邦运输监督行政管理机关）实施。"用字样"由被授权的联邦行政管理机关在其行使联邦运输国家监督时实施（下称国家监督机关）。"代替；

乙、在第 3 款中将字样"联邦运输监督行政管理机关"，用字样"国家监督机关"代替；

（2）在第 19 条第 2 款第 1 段中将字样"联邦运输监督行政管理机关"，用字样"国家监督机关"代替；

（3）在第 54 第 4 款中将字样"联邦运输监督行政管理机关"，用字样"国家监督机关"代替；

（4）在 88 条中：

甲、在第 1 款中将字样"联邦运输监督行政管理机关"，用字样"国家监督机关"代替；

乙、在第 2 款第 1 段中将字样"联邦运输监督行政管理机关"，用字样"国家监督机关"代替。

第 17 条至第 35 条（略）

第 36 条

1. 本联邦法律自其正式公布之日后 30 日期满生效，但是本联邦法律第 26 条第 12 款除外。

3. 本联邦法律第 26 条第 12 款自 2015 年 7 月 1 日起生效。

俄罗斯联邦总统

B. 普京

莫斯科，克里姆林宫

2014 年 10 月 14 日

联法第 307 号

第 27 次修改

2014 年 11 月 29 日联法第 378 号联邦法律
《关于因立法通过了联邦法律〈关于克里米亚联邦区的
发展和在克里米亚共和国及联邦直辖市塞瓦斯托波尔区
域内的自由经济带〉，故将变更列入俄罗斯联邦
某些法律文件内》

国家杜马 2014 年 11 月 21 日通过
联邦委员会 2014 年 11 月 26 日批准

第 1 条

将下列变更列入《俄罗斯联邦海商法典》（《俄罗斯联邦法律汇编》1999 年第 18 期，第 2207 号；2005 年第 52 期，第 5581 号；2007 年第 46 期，第 5557 号；2011 年第 25 期，第 3534 号；第 45 期，第 6335 号；2012 年第 18 期，第 2128 号），内容如下：

（1）将第 33 条第 7 款增补第 5 至第 7 项，内容如下：

"（5）在俄罗斯联邦政府批准的海港名录中列有的俄罗斯联邦海港国家登记时，船舶应当是用于本法典第 2 条规定目的（渔业船队船舶除外），且其所有权属于俄罗斯联邦公民或者法人所有；

（6）在俄罗斯联邦政府批准的海港名录列有的俄罗斯联邦海港国家登记时，是用于本法典第 2 条规定目的船舶（渔业船队船舶除外），应当是在外国船舶登记簿已登记船龄在提交国家登记申请之日时不得超逾 25 年，且按照无船员船舶租赁合同（光船租赁合同）由在自由经济特区即依据俄罗斯联邦法律设立的特区登记的法人承租；

（7）用于定期货物、旅客及其行李运输和近海航行（进入两个海港之间的一个航次续航时间不得超过 24 小时的条件下）拖带的船舶，应当是该船舶所有权属于俄罗斯联邦公民、依据俄罗斯联邦法律登记的法人、俄罗斯联邦、俄罗斯联邦各主体所有，或者船舶按照无船员船舶租赁合同（光船租赁合同）由他们承租；"

（2）在第 37 条第 2 款中增补下列 1 段，内容如下：

"在 30 个日历日期满后，没有收到上述登记国的国家航海管理部门对船舶所有人的申请答复的，该所有人有权向船舶国家登记机关申请该船舶在其中一个船舶登记簿中国家登记。在这种情况下，在该船舶国家登记申请书中应附有证书，证明该船舶所有人向上述登记国的国家航海管理部门请求从外国船舶登记簿中注销该船舶登记的事实。根据该船舶国家登记的结果，国家登记机关将船舶已登记发送通知到上述登记国的国家航海管理部门。"

第 2 条至第 5 条（略）

第 6 条

本联邦法律自 2015 年 1 月 1 日生效。

俄罗斯联邦总统

B. 普京

莫斯科，克里姆林宫

2014 年 11 月 29 日

联法第 378 号

第 28 次修改

2014 年 12 月 31 日联法第 536 号联邦法律
《关于将变更列入〈俄罗斯联邦海商法典〉第 47 条内》

国家杜马 2014 年 12 月 16 日通过
联邦委员会 2014 年 12 月 25 日批准

在第 47 条标题中，把字样"船舶登记簿"用字样"过于小型船舶登记簿"代替后，将其列入《俄罗斯联邦海商法典》（《俄罗斯联邦法律汇编》1999 年第 18 期，第 2207 号；2005 年第 52 期，第 5581 号；2011 年第 45 期，第 6335 号；2012 年第 18 期，第 2128 号）该条标题内。

俄罗斯联邦总统
B. 普京
莫斯科，克里姆林宫
2014 年 12 月 31 日
联法第 536 号

第 29 次修改

2015 年 3 月 30 日联法第 66 号联邦法律
《关于将变更列入〈俄罗斯联邦海商法典〉
涉及海员身份证明的规定内》

国家杜马 2015 年 3 月 17 日通过
联邦委员会 2015 年 3 月 25 日批准

将《俄罗斯联邦海商法典》(《俄罗斯联邦法律汇编》1999年第 18 期,第 2207 号;2007 年第 46 期,第 5557 号;第 50 期,第 6246 号;2008 年第 30 期,第 3616 号;2011 年第 25 期,第 3534 号;2014 年第 42 期,第 5615 号)增补第 55.1 条后,将该变更列入该法典,内容如下:

"第 55.1 条海员身份证明

1. 海员身份证明的办理、签发和使用按照俄罗斯联邦政府规定的程序,并考虑到本条规定要求实施。

2. 海员身份证明,对 2001 年 8 月 7 日联法第 115 号联邦法律《关于反对犯罪所得合法化(洗钱)和反对资助恐怖行为》第 6 条所列入名单中的人,不得办理也不得签发。而该名单列举了有信息表明参与极端主义活动或者恐怖行为的组织和自然人。

早先已被颁发有海员身份证明的人,后被列入有信息表明参与极端主义活动或者恐怖行为的组织和自然人名单的,上述人员的海员身份证明不得使用并应当加以吊销。"

俄罗斯联邦总统

B. 普京

莫斯科, 克里姆林宫

2015 年 3 月 30 日

联法第 66 号

第 30 次修改

2015 年 7 月 13 日联法第 213 号联邦法律
《关于因通过联邦法律〈关于符拉迪沃斯托克自由港〉，
将变更列入俄罗斯联邦某些法律文件内》

国家杜马 2015 年 7 月 3 日通过

联邦委员会 2015 年 7 月 8 日批准

第 1 条至第 5 条（略）

第 6 条

将《俄罗斯联邦海商法典》（《俄罗斯联邦法律汇编》1999 年第 18 期，第 2207 号；2005 年第 52 期，第 5581 号；2007 年第 46 期，第 5557 号；2011 第 25 期，第 3534 号；第 45 期，第 6335 号；2012 年第 18 期，第 2128 号；2014 年第 48 期，第 6659 号）第 33 条第 7 款增补第 8 项，内容如下：

"（8）在俄罗斯联邦海港用于储存和转运石油、石油产品的船舶，在提交申请国家登记之日时的船龄未超 20 年。"

第 7 条至第 26 条（略）

第 27 条

1. 本联邦法律自其正式公布之日起生效（含第 6 条——译者注），但是对于本条另有规定生效期的除外。

2.（略）

3.（略）

俄罗斯联邦总统

B. 普京

莫斯科，克里姆林宫

2015 年 7 月 13 日

联法第 213 号

第 31 次修改

2015 年 7 月 13 日联法第 230 号联邦法律
《关于将变更列入俄罗斯联邦某些法律文件内》

国家杜马 2015 年 7 月 1 日通过

联邦委员会 2015 年 7 月 8 日批准

第 1 条至第 6 条（略）

第 7 条

将下列变更列入《俄罗斯联邦海商法典》（《俄罗斯联邦法律汇编》1999 年第 18 期，第 2207 号；2011 年第 23 期，第 3253 号；第 25 期，第 3534 号）：

（1）将 55 条叙述作下列修正：

"第 55 条准许在船上工作人员的健康状况要求

1. 对准许在船上工作的人员应当进行年度身体检查，包括人机体内是否存有麻醉剂、精神药物和它们代谢物的化学毒物学验检。

2. 妨碍在船舶上工作病名目录由俄罗斯联邦政府确定。身体检查程序和关于不能在船上工作的医疗禁忌症的医学鉴定结论方式，由在保护公民健康方面具有制定国家政策和调整法律规范职权的联邦行政机关会同联邦运输行政管理机关协商同意规定。"

（2）将第 57 条增补第 4 项和第 5 项，内容如下：

"4. 以前未做身体检查的人，以及因无医生处方吸食、注射麻醉剂或者精神药物，或者因吸食、注射对神经起特殊作用的新的潜在有害物质而受到行政处罚的人，在其被认为是受到行政处罚的期限结束前，不得在船上工作。

5. 除了企业主依据劳动法规定所要求解除劳动合同外，与获准在船上工作的人员所签订的劳动合同，因其无医生处方吸食、注射麻醉剂或者精神药物的行政违法行为，或者因其吸食、注射对神经起特殊作用的新的潜在有害物质的行政违法行为，而其被认为是受到处罚，在该处罚期间可以解除。还有上述人员未按规定程序做身体检查的，也可解除劳动合同。"

（3）将 87 条增补第 3 款至第 5 款，内容如下：

"3. 引航员应当进行年度身体检查，包括人机体内是否存有麻醉剂、精神药物和它们的代谢物的化学毒物学验检。

4. 以前未做身体检查的人，以及因无医生处方吸食、注射麻醉剂或者精神药物，或者因吸食、注射对神经起特殊作用的新的潜在有害物质而受到行政处罚的人，在其被认为是受到行政处罚期结束前，无权获得引航员法律资格。

5. 除了企业主根据劳动法规定所要求解除劳动合同外，与引航员所签订的劳动合同，因其无医生处方吸食、注射麻醉剂或者精神药物的行政违法行为，或者因其吸食、注射对神经起特殊作用的新的潜在有害物质的行政违法行为，而被认为受到处罚，在该处罚期间可以解除。还有上述人员未按规定程序做身体检查的，也可解除劳动合同。"

第 8 条至第 15 条（略）

第 16 条

1. 本联邦法律自正式公布之日后 10 日期满生效（含第 7 条——译者注），但是本联邦法律第 10 条第 1 款除外。

2.（略）

俄罗斯联邦总统

B. 普京

莫斯科，克里姆林宫

2015 年 7 月 13 日

联法第 230 号

第 32 次修改

2017 年 2 月 7 日联法第 10 号联邦法律
《关于将变更列入〈俄罗斯联邦海商法典〉第 5.1 条内》

国家杜马 2017 年 1 月 27 日通过
联邦委员会 2017 年 2 月 1 批准

将下列一段所作的修改、补充列入《俄罗斯联邦海商法典》

（《俄罗斯联邦法律汇编》1999 年第 18 期、第 2207 号；2012 年第 31 期，第 4321 号）第 5.1 条第 5 款内：

"本款规定规则也适用于军舰、军用辅助船舶和俄罗斯联邦所有的、俄罗斯联邦各主体所有的，或者由他们经营的并仅供政府非营利性服务使用的其他船舶。"

俄罗斯联邦总统

B. 普京

莫斯科，克里姆林宫

2017 年 2 月 7 日

联法第 10 号